ERIC WREDE

THE
END

Das Buch vom Tod

WILHELM HEYNE VERLAG
MÜNCHEN

Unter www.heyne-encore.de finden Sie das komplette Encore-Programm.

Weitere News unter www.heyne-encore.de/facebook

MIX
Papier aus verantwor-
tungsvollen Quellen
FSC
www.fsc.org
FSC® C083411

Verlagsgruppe Random House FSC® N001967

Copyright © 2018 by Eric Wrede
Copyright © 2018 der deutschsprachigen Ausgabe
by Wilhelm Heyne Verlag, München,
in der Verlagsgruppe Random House GmbH,
Neumarkter Str. 28, 81673 München
Redaktion: Loel Zwecker
Umschlaggestaltung: Johannes Wiebel | punchdesign
Bild auf Rückseite und Klappen: Erik Weiss
Satz: Satzwerk Huber, Germering
Druck und Bindung: CPI books GmbH, Leck
ISBN: 978-3-453-27181-4

Für Manfred Timm und Gundula Kassem

Inhalt

Prolog   Mein Testament   9

1. Kapitel   I Fought The Law   13

2. Kapitel   21 Gramm   33
Interview: Clemens Schick über das
Abschiednehmen   44

3. Kapitel   Schickt mir die Post schon ins Spital   49
Interview: Henning Wehland über den Tod
seiner Mutter.   64

4. Kapitel   Keep Me In Your Heart   69

5. Kapitel   London Bridge Is Down   83
Interview: Madeleine Wehle über sprachlose Trauer . .   98

6. Kapitel   Behind Blue Eyes 105

7. Kapitel   Der, die, das 113
Interview: Judith Holofernes über trauernde Kinder . . 122

8. Kapitel   Cemetery Gates 127

9. Kapitel   Tanzen auch auf Gräbern   145

Interview: Flake über seine Beerdigung   154

10. Kapitel   Shine On You Crazy Diamond   157

Interview: Sebastian Fitzek über Opfer
und Trauernde   163

11. Kapitel   Let It Be   167

Danksagung   173

Anhang   175

Prolog

Mein Testament

Ich, Eric Wrede, geboren am 15. Juli 1980 in Rostock, setze hiermit:
= sollte ich Kinder haben, diese als Alleinerben ein.
= sollte ich keine Kinder haben, meine Mutter, sollte die nicht mehr leben, meine Schwester als Alleinerbin ein. Alle weiteren sollen maximal einen gesetzlichen Pflichtteil erhalten.

1. Bestattung

Für meine Beisetzung existiert eine Sterbegeldversicherung in Höhe von 10.000 Euro. Meine Beisetzung soll in einem Sarg auf dem Domfriedhof in der Liesenstraße in Berlin stattfinden.
Ich möchte, dass niemand auf meiner Trauerfeier spricht.
Zur Begrüßung soll »I'm Not Like Everybody Else« von The Kinks laufen.
Ich wünsche mir einen Film, basierend auf schönen Fotos aus Facebook.
Ich möchte vor allem Fotos, auf denen ich mit Freunden zu sehen bin.

Zum Film sollen folgende Songs gespielt werden: 1) The Verve – »Lucky Man«, 2) John Cale – »I Keep a Close Watch«.

Sofern gewünscht, soll es vorher eine Aufbahrung geben.

Auf meinem Grabstein soll stehen: »E. W. Ich hab gelebt.«

Meine Beerdigung sollen Marc Feldmann und Juri Denecke organisieren.

2. Unternehmen

Sollte *lebensnah*-Bestattungen noch existieren, dann soll der am längsten angestellte Mitarbeiter, der auch Bestatter ist, zum Geschäftsführer ernannt werden.

Sollte es weitere Unternehmen geben, so ist dort genauso zu verfahren. Ausnahme ist, wenn ich schon zu Lebzeiten einen Geschäftsführer eingesetzt habe.

10 Prozent aller Unternehmensgewinne sollen jährlich an das Tierheim Berlin gespendet werden.

3. Tiere

Sollte ich zum Zeitpunkt meines Todes ein oder mehrere Tiere besitzen, so soll der Alleinerbe das Tier haben und pflegen. Sollte er dazu nicht in der Lage sein, so soll er einen Dritten benennen, der aus dem laufenden Geschäftsbetrieb meiner Unternehmen 200 Euro pro Tier und Monat erhält.

4. Musik

Ich möchte, dass sich alle interessierten Freunde aus meiner Schallplattensammlung jene Alben nehmen, welche in ihrer Sammlung fehlen.

Sollte eine dieser Anordnungen unwirksam sein, so bleiben alle anderen Anordnungen gleichwohl wirksam.

Eric Wrede
Berlin, 1. August 2017

1. Kapitel

I Fought The Law

Waren Sie schon einmal mitten in der Nacht auf einem Friedhof und haben versucht, eine Urne auszubuddeln? Nein? Ich
hatte das auch nicht in meiner Lebensplanung vorgesehen.
Selbst dann nicht, als ich mich nach langen Überlegungen dazu
entschlossen hatte, mit Anfang dreißig Bestatter und Trauerbegleiter zu werden. Und doch stand ich in jener Nacht mit einer
Stirnlampe, einer kleinen Gartenschaufel und einem großen
Rucksack vor einer Berliner Friedhofsmauer und versuchte,
meinen langen Körper so geräuschlos wie möglich über das
Hindernis zu wuchten, um ein Grab auszuheben. Wie zur Hölle war ich nur hierhergekommen?

Bevor ich mich dazu entschloss, Bestatter zu werden, war ich
Musikmanager. In die Branche war ich durch diverse Zufälle
gestolpert. Es war nie mein erklärtes Ziel gewesen, für ein Label
zu arbeiten. Während meines Studiums jobbte ich nebenher in
einem Berliner Plattenladen, nachts legte ich manchmal als DJ
auf. Mit einem Bekannten sprach ich irgendwann über die von

mir verehrten, aber in Deutschland noch recht unbekannten The Killers. Dass man die hierzulande noch nicht anständig bekannt gemacht hatte, empfand ich Großmaul und Musik-Nerd als klaren Beweis dafür, wie mies es um die deutsche Plattenindustrie bestellt war. Mein Bekannter sagte: »Du hast eine große Klappe. Komm doch mal mit und sag das meinen Freunden, die machen sich gerade selbstständig.« Also besuchte ich die Jungs von Motor Music, und die boten mir anschließend einen Job an.

Ich war in meinen Zwanzigern, arbeitete mit coolen Musikern zusammen und verdiente mehr Geld, als ich es mir zu Studentenzeiten je erträumt hatte. In Berlin hat man damit eigentlich den Gipfel erreicht. Es war ein toller Job. Aber ich hatte ihn nie bewusst ausgesucht, er war mir einfach so zugeflogen. Und als ich mir wie fast jeder andere mit Anfang dreißig die Frage stellte, ob mich mein Leben wirklich glücklich machte, dachte ich über meinen Job nach. Und dass ich doch eigentlich tief im Inneren auf der Suche nach einer echten Berufung war. Der Stein im Schuh drückte, aber ich wusste noch nicht, wie ich ihn ausschütteln konnte.

Ich begann, Listen zu erstellen. Mit Antworten auf Fragen wie »Was brauche ich?« oder »Was will ich?«. Am Ende stand da unter anderem: »Ich will mich um Menschen kümmern«, »Ich will dafür anständig bezahlt werden« und »Ich möchte Prozesse abschließen«. Das war eines meiner großen Probleme mit einem Job in der Musik- oder Medienbranche: Man hat nie das Gefühl, Dinge wirklich zu beenden. Ich dachte nach. Sollte ich anfangen, Psychologie zu studieren? Eine Schreinerausbildung beginnen oder Möbelrestaurator werden? Wirklich richtig fühlte sich das alles nicht an.

2010 besuchte ich Freunde in Mönchengladbach. Gemeinsam gingen wir zu einer Tattoo-Convention. Ich wollte eigentlich erst am Montag wieder zurück nach Berlin fahren, setzte mich dann aber doch schon am Sonntag ins Auto und gab Gas. Ich schaltete das Radio ein, suchte irgendwas Entspanntes und blieb bei WDR 3 hängen. Im Kulturradio lief ein Interview mit Fritz Roth, einem Pionier der alternativen Bestattungsszene in Deutschland. Ich hatte noch nie von ihm gehört. Er erzählte von seiner Ausbildung zum Trauerpädagogen, seiner Trauerakademie »Haus der menschlichen Begegnung« und dem von ihm gegründeten ersten privaten Friedhof in Deutschland. Seine Aussagen über seine Motivation und seinen Beruf trafen mich wie ein Schlag. Das war genau das, was ich mir auf meine Listen geschrieben hatte! Die Bestattungsbranche, so Roth, sei sehr verschlossen und unmodern. Sie brauche dringend jüngere Kräfte, die mit neuen Ideen das bestehende knochentrockene Gewerbe aufbrechen. Für mich war dieses Interview ein Erweckungserlebnis, mitten auf der A2. Ich steuerte eine Raststätte an und musste mich erst mal sammeln. Bestatter also. *What the fuck?* Das würde mir doch niemand abnehmen.

Was faszinierte mich so an diesem Job? Bis dato hatte der Tod in meinem Leben so gut wie keine Rolle gespielt. Eine ferne Oma und ein noch fernerer Onkel waren gestorben, aber diese Todesfälle hatten mich nicht wirklich berührt. Ich ging recht naiv an die ganze Thematik heran. Was mich an Roths Interview so begeistert hatte, waren seine Erzählungen über einen Beruf, bei dem man Menschen in Extremsituationen betreut und ihnen dabei hilft, Verluste durchzustehen und zu verarbeiten. Das wollte ich auch machen.

In den Wochen nach dem Interview googelte ich mich ein wenig schlauer über diese mir gänzlich unbekannte Branche, informierte mich über die Ausbildung, die verschiedenen Angebote und sammelte virtuelle Erfahrungen. Mit jeder Suche fand ich das Ganze noch etwas abstoßender. Es gab so vieles, was es zu verändern galt, so vieles, was ich verändern wollte. Das System in seiner bestehenden Form gefiel mir ganz und gar nicht. Die Idee, ein eigenes Bestattungsinstitut aufzumachen, existierte zu diesem Zeitpunkt noch nicht. Mein Plan sah vor, zunächst einmal echte Erfahrungen in einem Bestattungshaus zu sammeln, mich hochzuarbeiten, um vielleicht in ferner Zukunft eine eigene Filiale zu übernehmen. Ich wollte das System in kleinen Schritten bearbeiten. Aber zunächst mal waren das nur Pläne. Ich setzte sie erst in die Tat um, als mir das Schicksal einen ordentlichen Schlag auf den Hinterkopf verpasste. Ein guter Freund von mir war krank geworden. Todkrank. Zu verstehen, dass dieser Mensch sehr bald sterben würde, machte mich fertig. Auch, weil ich realisierte, dass so etwas auch mit mir geschehen könnte.

Worauf wartest du eigentlich, fragte ich mich selbst, als ich den ersten Schock über die Krebsdiagnose meines Freundes verdaut hatte. Darauf, dass auch du bald dran bist? Was soll denn schon passieren, wenn du deinen Job endgültig hinschmeißt und dein Leben umkrempelst? Im schlimmsten Fall landest du wieder hinter irgendeiner Theke. Im Frühjahr 2013 gab ich meinen Job als Musikmanager auf, um ein Praktikum in einem Bestattungshaus zu beginnen. Natürlich unbezahlt. Ich zog aus meiner großen schönen Wohnung aus und in eine kleinere und weniger schöne ein. Und fing an, in einem veganen Café zu jobben. Ich meinte es wirklich ernst.

Es war gar nicht so einfach gewesen, ein Bestattungshaus zu finden, das mich a) überhaupt als Praktikant beschäftigen wollte und b) meinen Vorstellungen von einem klassischen Institut entsprach, das noch alle für eine Bestattung notwendigen Handlungsschritte selbst übernahm. Jeden Morgen stand ich jetzt vor dem Spiegel, um meine dunkle Krawatte akkurat zu binden, meine Tattoos zu verstecken und jenen pastoralen Gesichtsausdruck einzustudieren, der dem Gegenüber gleichzeitig Seriosität und Mitleid suggerieren sollte. Eine unangenehme Mischung, aber ich war Lehrling und wollte nicht auffallen. So aufmerksam wie möglich sog ich sämtliche Eindrücke meiner neuen Tätigkeit in mich auf und notierte sie abends in ein kleines Notizbuch. Wie ein kleiner Günter Wallraff. Ich wollte verstehen, wie dieser Beruf funktioniert, wie in einem klassischen Bestattungshaus mit den Verstorbenen und aber auch mit den Angehörigen umgegangen wird. Ich wollte einen Blick hinter die Kulissen dieses Gewerbes werfen, das doch jeder kennt, von dem aber fast niemand weiß, wie es wirklich funktioniert.

Vier Wochen nach meinem Praktikumsbeginn machte ich mich mit Stirnlampe, Schaufel und Rucksack mitten in der Nacht auf dem Weg zum Friedhof, um gegen eine ganze Reihe Regeln und Konventionen zu verstoßen, weil ich Menschen dabei helfen wollte, anständig Abschied zu nehmen. Dass ich meinen Job in der Musikindustrie aufgegeben hatte, um stattdessen Bestatter zu werden, hatte sich natürlich längst in meinem Bekanntenkreis herumgesprochen. Eines Tages hatte sich ein Freund bei mir gemeldet: »Eric, die Frau eines Freundes ist gestorben. Kannst du helfen?« Natürlich wollte ich das können. Meinem Praktikumsbetrieb sagte ich: »Da ist jemand gestorben, aber die kommen nur zu uns, wenn ich das selber mache.«

Glatt gelogen, aber sei's drum, ich übernahm meinen ersten Fall.

In den Gesprächen mit den Angehörigen stellte ich fest, dass sich die Familie nichts sehnlicher wünschte, als die Urne der Verstorbenen zu Hause aufzubewahren. Unerfahren (und unerschrocken) wie ich war, sagte ich: »Kein Problem, wir setzen die Urne auf dem Friedhof bei und buddeln sie danach einfach wieder aus. Das merkt schon keiner.« Was hatte mich nur geritten? Nicht nur, dass die Familie davon ausging, dass ich derjenige sein würde, der des Nachts seine Schaufel in ein frisches Grab stechen würde, besagter Friedhof liegt auch noch direkt neben einer Polizeistation. Ein Bestatter, ein Wort. Kurz vor Mitternacht nahm ich meine dunkle Aufgabe in Angriff.

Nicht auszudenken, was passiert wäre, wenn mich jemand dabei erwischt hätte. Während ich mit meinen Händen immer tiefer grub – so eine Urnengruft ist achtzig Zentimeter tief, und wer es mir nachtun möchte, dem sei gesagt, dass eine Blumenschaufel dafür ziemlich ungeeignet ist –, sah ich die Schlagzeilen schon vor mir: »Bestatter-Praktikant beim Klauen einer Urne erwischt!« Im Idealfall noch mit Beweisvideo für einen viralen Spitzenreiter in der Kategorie: »Die dämlichsten Typen des Jahres«.

Doch niemand bemerkte mich. Niemand beobachtete, wie ich endlich die Urne in den Händen hielt, das Loch wieder zuschaufelte, über die Mauer kletterte und mir mit zittrigen Händen erst mal eine Zigarette ansteckte. Gott sei Dank war auch niemand dabei, als ich feststellte, dass ich die falsche Urne ausgegraben hatte. Vor Wut und Ärger schossen mir die Tränen in die Augen. Ich war der schlechteste Kriminelle der Welt. Noch einmal kletterte ich über die Mauer, noch einmal schürfte ich mir die Handgelenke an der Erde auf, noch einmal klaute ich eine Urne. Der Schein meiner Stirnlampe bestätigte mir: Diesmal hatte ich das richtige Grab erwischt. Fix und fertig kam ich wieder nach Hause, in meinem Rucksack die Urne mit der Asche der verstorbenen Frau. *I fought the law.*

Ich lernte eine Menge während meines Praktikums. Ich bekam Einblick in ein Geschäft, das durchsetzt ist von Vorschriften und Regeln, von fehlender Menschlichkeit und vom Streben nach Gewinnmaximierung; das sich als rein technischer Dienstleister für die Bestattung sieht und trauernde Angehörige uninformiert, aber um einiges ärmer zurücklässt. Ich lernte ein System kennen, in dem das Bedürfnis nach Zeit und Ruhe zum Trauern nicht berücksichtigt wird. Bestatter haben sich in Deutschland den Ruf von Schlüsselnotdiensten erworben. Man meldet sich nicht gerne bei ihnen (und auch nicht häufig – die Deutschen haben es im Schnitt alle achtzehn Jahre mit dem Tod eines nahestehenden Menschen zu tun) –, und wenn man es tut, dann ist einem bewusst, dass man sehr viel Geld für eine Dienstleistung zahlen wird, weil einem sonst keiner akut helfen kann. Und mir wurde klar, wie es generell um die Trauerkultur in diesem Land bestellt ist. Welche Fortschritte wir gemacht haben, und wo die Probleme liegen.

Ein Fallbeispiel. So oder ähnlich läuft es tagtäglich in Deutschland ab. Nennen wir unsere Familie »Familie Schulze«. Großmutter Schulze ist mit vierundachtzig Jahren in einem Pflegeheim verstorben. Ihre Angehörigen hatten nicht die Zeit und die Energie, Oma zu Hause zu pflegen, aber sie waren so oft wie möglich bei ihr. Mehrmals hat das Pflegeheim in Oma Schulzes letzten Monaten geraten, den Kontakt eines Bestatters zu hinterlegen, nur für den Fall der Fälle, aber an diesen Fall wollte Familie Schulze nicht denken, und außerdem war doch eh fast jeden Tag jemand bei Oma. Dann geht alles sehr schnell: In der Nacht ist Großmutter Schulze überraschend verstorben und das Heim informiert die Familie, dass Oma zeitnah abgeholt werden muss, nachdem der Arzt den Tod festgestellt hat. Hastig sucht Familie Schulze nach einem Bestatter, denn nur er darf die Verstorbene abholen. Das Heim empfiehlt ein Bestattungshaus um die Ecke, und obwohl die Schulzes bei der Suche nach einem anständigen Pflegeheim ein halbes Dutzend Institutionen besuchten, nehmen sie diese erstbeste Empfehlung gleich an, schließlich muss es schnell gehen.

Bis zum Abtransport der Oma bleiben nur ein paar Stunden, die Familie stellt ein paar Kerzen im Zimmer der Großmutter auf und bietet den anderen Heimbewohnern an, sich noch einmal zu verabschieden. Dann taucht ein ihnen bis dato unbekannter Mensch auf und nimmt Oma mit an einen Ort, den die Schulzes ebenfalls noch nie gesehen haben. Und nur wenig später sitzt die Familie im Büro des Bestatters, um so kurz nach dem Tod der Oma diverse Fragen zu klären. Wie viele Sterbeurkunden werden benötigt? Welcher Sarg soll es sein? Soll die Großmutter eingeäschert werden? Welche Kleidung soll sie tragen? Soll eine Todesanzeige in der Zeitung erscheinen? Welcher Blumenschmuck ist gewünscht? Soll es vielleicht die etwas höherwertige Sarggarnitur mit den Rüschen sein? Dazu jener pastorale Gesichtsausdruck, den ich mir schleunigst wieder abgewöhnte. Und so nehmen für Familie Schulze die Dinge ihren Lauf.

Dabei hätte es durchaus Möglichkeiten gegeben, den Schulzes einen wesentlich sanfteren Abschied zu verschaffen. In den meisten Bundesländern zum Beispiel darf man verstorbene Angehörige noch sechsunddreißig Stunden nach Eintreten des

Todes zu Hause aufbahren; wem das zu kurz ist, der kann über den Bestatter eine Fristverlängerung beantragen, die meistens auch bewilligt wird. Nur hatte das der Familie Schulze niemand gesagt. Jetzt ist es ohnehin zu spät. Abends sitzt man zusammen, was im Laufe dieses traurigen Tages entschieden wurde, ist fast schon wieder in Vergessenheit geraten, außerdem müssen ja Familienmitglieder und Freunde informiert, eine Traueranzeige und Einladungen für die Beerdigung gestaltet werden. Und wo soll Oma überhaupt bestattet werden? Auf dem städtischen Friedhof, wo sie noch nie war? Oder lieber im Garten neben dem großen Nussbaum, den Großmutter Schulze vor sechzig Jahren selbst gepflanzt hatte? Hinter dem Haus, in dem sie den Großteil ihres Leben verbrachte? In dem ihr Mann vor fünf Jahren an einem Herzinfarkt starb?

Eine schöne Idee, aber wir sind ein Land der Regeln, und eine der Regeln besagt, dass man auf einem Friedhof bestattet werden muss, und der wiederum ist in Deutschland der heilige Ort der Regulierungswut. Wie und wo bepflanzt werden darf, ist klar definiert. Kieselsteine auf Grabstellen sind meistens ebenso verboten wie Hunde auf dem Friedhofsgelände. Größere Steine müssen genehmigt sein, dafür muss man einen speziellen Grabmalantrag stellen, Kinder müssen in Begleitung sein – die Liste ist endlos. Am Ende wird Oma Schulze auf dem städtischen Friedhof beigesetzt. In einem Sarg, der mehr gekostet hat als ihr erstes Auto. Vor der Kapelle wartet schon die nächste Trauergemeinde. Der Bestatter verabschiedet sich. Das Leben geht weiter, die nächste verstorbene Großmutter wartet schon, recht herzliches Beileid.

Wie hat die Familie in der kurzen Zeit überhaupt richtig Abschied nehmen können? Welchen Raum gibt es für die Trauer, wenn in vielen Bundesländern ein verstorbener Mensch innerhalb von zehn Tagen beerdigt sein muss? Was macht es mit unserer Familie Schulze, wenn die tote Oma so schnell aus ihrem Zimmer abgeholt werden muss? Wenn eine fremde Person der letzte Mensch ist, der Oma anfasst und mitnimmt? Wenn man sich mit der Auswahl von sehr kostspieligen Holzkisten beschäftigen muss, statt zusammenzusitzen, um erst mal zu begreifen, dass Oma nicht mehr da ist? Was ist, wenn die Bestattung gar nicht zu Oma Schulze und ihrer Familie passt? Warum hat sich das Bestattungshaus nicht die Mühe gemacht, Familie Schulze bei diesem schwierigen Abschied mit Rat und Tat zur Seite zu stehen, statt Oma lediglich unter die Erde zu bringen? Warum ist unsere Sterbe- und Trauerkultur so durchkommerzialisiert und unpersönlich? Und warum ändert sich daran so wenig? Niemand bringt uns bei, richtig Abschied zu nehmen. Nicht vom Liebsten, der uns verlässt, nicht von dem Job, den wir verlieren, und schon gar nicht von Omi, die wir nie wiedersehen werden. Wir werden nicht ausreichend informiert, wie man Wege findet, den Verlust eines Menschen auf angemessene Weise zu verarbeiten.

Nach zehn Monaten Praktikum wusste ich, dass ich als Teil dieses Systems gar nichts würde ändern können. Ich musste etwas Eigenes auf die Beine stellen, mein eigenes Bestattungshaus eröffnen. Aber bis dahin war es noch ein weiter Weg. Das Praktikum endete nach einem Vierteljahr, und während ich damit begann, meinen Traum vom eigenen Institut zu verwirklichen, arbeitete ich für 8,50 Euro die Stunde weiter in jenem Haus, in dem ich auch das Praktikum absolviert hatte. Eine knüppelharte Zeit. Früher hatte ich viertausend Euro verdient und niemandem erklären müssen, warum ich mir gerade den Job in der

Musikbranche ausgesucht hatte. Jetzt bekam ich den Mindestlohn und musste neben meinen eigenen Zweifeln, die mich in jener Zeit regelmäßig heimsuchten, auch die Zweifel in meinem Umfeld bekämpfen. Manchmal lag ich nächtelang wach, heulte in mein Kopfkissen und fragte mich, warum ich Esel nur so dumm gewesen war, mein schönes altes Leben auf den Müll zu werfen. Dann wieder hielt ich emotionale Reden, wie jene vor meiner Oma, in der ich ihr verklickern wollte, warum ich mich so entschieden hatte. »Oma«, sagte ich, »ich möchte doch glücklich sein!« Ihre Antwort lautete damals: »Tja, dann wirst du ja wohl nie heiraten.« Für sie, die im Osten groß geworden war, wo Bestatter ein ähnlich ruhmreiches Image hatten wie Müllmänner, war meine Entwicklung unbegreiflich. Heute denkt sie anders.

Während ich immer mehr Eindrücke sammelte und mich mit meinem Mindestlohn-Gehalt durch die Wochen und Monate hangelte, fing ich an, mir ernsthaft Gedanken darüber zu machen, wie mein eigenes Bestattungshaus wohl aussehen sollte. Ich malte Skizzen für die Räumlichkeiten, suchte sehr lange nach einem Namen, werkelte an einer Homepage, bastelte erste Logos. Mein Startkapital bestand aus der finanziellen Unterstützung meiner Mutter und den fünftausend Euro, die ich mir von einer Freundin geliehen hatte. Während ich nach einer passenden Unterkunft suchte und mein Gewerbe anmeldete, kreisten meine Gedanken darum, wie ich wohl die ersten schwierigen Monate überstehen würde. Mut machte mir der Gedanke daran, dass sich mein Wandel vom Musikmanager zum Bestatter in spe bereits herumgesprochen hatte und ich vermutlich alleine aus meinem Umfeld zwei oder drei Fälle betreuen würde, die mir das nötige finanzielle Fundament verschaffen würden. Ende

2015 eröffnete ich schließlich mein eigenes Bestattungsinstitut: *lebensnah*. Das erste Vierteljahr überstand ich quasi als Ein-Mann-Betrieb. Dann schrieb mich nachts auf Facebook eine Frau an und erzählte mir von ihrer Mutter, die so schöne Trauerkarten bastele, und ob das nicht was für uns wäre. Heute arbeitet Leo als Bestatterin bei *lebensnah*. Sie kennengelernt zu haben, ist ein großes Geschenk.

Seit der Fahrt von Mönchengladbach nach Berlin sind bald acht Jahre vergangen. Ich habe mir eine gewisse Erfahrung und Reputation als Bestatter erarbeitet und lerne trotzdem noch jeden Tag dazu. Ich kenne Mittel und Wege, den Wünschen von Verstorbenen und Angehörigen nachzukommen, ohne dass ich nachts mit einer Schaufel über eine Friedhofsmauer klettern muss.

Der Kampf mit den Konventionen und Gesetzen dauert allerdings an. Wie bei der unsinnigen Regelung für das Tragen von Urnen und Särgen. Als mein Großvater starb, fand ich die Vorstellung fürchterlich, dass ein fremder Mensch der letzte sein sollte, der die Urne mit der Asche meines Opas berührt. Bei seiner Beerdigung baute ich mich also vor den Verantwortlichen auf und sagte: »Ich werde die Urne zum Grab tragen.« Ich bin Bestatter und habe leicht reden. Der Grund, warum in der Regel ein Friedhofsmitarbeiter oder Bestatter diesen Job übernimmt, ist simpel: Menschen, die ihre Verstorbenen selbst tragen, sind dafür nicht versichert. Ich vermute aber, dass ich nicht der Einzige bin, der gerne bereit wäre, die paar Euro für eine entsprechende Versicherung zu zahlen. Es gibt in Deutschland für diesen Fall keine einheitliche Richtlinie, die Regeln sind von Bundesland zu Bundesland verschieden. Manche lassen das

Tragen offiziell gar nicht zu, in anderen darf man die Urne zwar bis zur Gruft tragen, sie aber nicht hinabsenken. Manche Friedhöfe haben Treppen, die diesen Vorgang hinfällig werden lassen und so weiter.

Verantwortlich ist immer die jeweilige Friedhofsverwaltung. In Großstädten bzw. auf Friedhöfen, auf denen besonders viele Menschen beerdigt werden, kommt ein weiteres Problem dazu: Um Kosten zu sparen, finden Trauerfeiern in einer so engen Taktung statt, dass die Trauernden quasi Schlange stehen. Darf man so etwas Intimes wie Trauer und Abschiednehmen von einem geliebten verstorbenen Menschen takten? Ich finde nicht. Niemand erinnert sich an den Sarg oder die Urne. Aber jeder, der dabei war, wird die letzten gemeinsamen Stunden mit Freunden, Familie und dem verstorbenen Menschen nie vergessen. Vor allem dann nicht, wenn man den Raum und die Zeit hat, diesen Abschied so schön und angemessen wie möglich zu gestalten.

Vor Kurzem habe ich die Großmutter meines Lieblingsfloristen beigesetzt. In seinem wirklich sehr schönen Laden serviert der Florist Kaffee, Tee und Kuchen, aber das eigentliche Highlight sind seine beiden Papageien. Seit dem Tod der Großmutter haben die Tiere Gesellschaft, in einer Ecke steht jetzt ein kleiner Schrein für die verstorbene Dame. Die Beisetzung fand auf dem Friedhof ihres Heimatdorfes vor den Toren von Berlin statt. Einer dieser Friedhöfe, wie es sie wirklich nur noch außerhalb der Städte gibt. Um die Verwaltung kümmert sich ehrenamtlich eine Frau aus der Gemeinde, jede größere Familie hat ihre eigene Grabstätte, und in der Kapelle wird es bei zwanzig Gästen schon sehr eng. Das Schöne an solchen Friedhöfen ist, dass man noch alles selbst machen muss/darf. Am Morgen der Beerdigung bekamen wir einen Schlüssel für die Kapelle, dann ließ man uns allein. Gemeinsam hoben wir das Grab aus, der Florist schmückte die Kapelle.

Ich stellte mich auf eine jener Trauerfeiern ein, wie ich sie zuvor schon hundert Mal erlebt hatte: ein paar Worte bei der Zeremonie, dann alle gemeinsam zum Grab und nach dreißig Minuten ist alles vorbei. Ich wurde eines Besseren belehrt. Als die Urne im Grab versenkt worden war, kam jemand aus der Familie auf die Idee, die verstorbene Oma mit einem Gläschen Schnaps zu ehren. Und weil es offenbar eine besonders liebenswerte Frau gewesen war, tranken wir alle noch ein zweites, ein drittes und, wenn mich meine leicht vernebelte Erinnerung nicht täuscht, auch noch ein viertes Glas. Erinnerungen an die Verstorbene wurden ausgetauscht. Die Mutter des Floristen durfte es sich auf einem Stuhl unter der Decke gemütlich machen, die Stimmung war unglaublich liebevoll und angenehm. Währenddessen begannen die anwesenden Kinder, die Blumen aus der Kapelle nach draußen zu tragen und auf der Grabstelle zu verteilen. Allen sah man an, wie stolz sie waren, ihrer Oma einen solchen Abschied bereitet zu haben. Ein wunderschöner Abschied, der nur deshalb überhaupt möglich war, weil die Angehörigen die Zeit und den Raum dafür bekommen hatten. Nicht jede Trauergemeinde wünscht eine solche Beerdigung. Aber die wenigsten bekommen überhaupt die Gelegenheit dazu.

Wenn mein Lieblingsflorist an jenem Tag die Urne seiner Lieblingsoma mit nach Hause genommen hätte, hätte er im schlimmsten Fall zehntausend Euro Strafe zahlen müssen. Die Frage muss erlaubt sein, warum Menschen die Asche ihrer verstorbenen Angehörigen nicht mit nach Hause oder an einen anderen Ort nehmen dürfen, sie stattdessen im Erdreich eines Friedhofs versenken müssen. Ich behaupte, dass der Wunsch, die Urne mitzunehmen, sehr selten etwas damit zu hat, dass man sich die Kosten für eine Bestattung sparen möchte. Sondern eher damit, dass Friedhöfe für viele Menschen – auch die Verstorbenen – oft nicht der richtige Ort sind, um in Frieden zu ruhen.

Der offizielle Begriff für die Regelung, wonach Verstorbene auf einem Friedhof beigesetzt werden müssen, lautet übrigens Friedhofszwang. Dieser Zwang besteht seit 1934. 2013 versuchte die rot-grüne Regierung im Bundesland Bremen, dieses Gesetz zu lockern und Menschen die Möglichkeit zu schaffen, die Asche ihrer Angehörigen auch im heimischen Garten zu verstreuen. Der Kritik des Osnabrücker Bischofs Franz-Josef Bode zum Trotz, der vor einer »Privatisierung von Tod und Trauer« gewarnt hatte (Zwischenfrage: Gibt es etwas Privateres als den Tod oder die Trauer?), ist das in Bremen seit 2015 möglich. Ein erster Schritt in die richtige Richtung. In allen anderen Bundesländern, Berlin eingeschlossen, ist das noch immer nicht erlaubt.

Einmal stand ein Mann vor mir, der seiner viel zu früh verstorbenen Tochter versprochen hatte, ihre Asche an einem Strand in Thailand ins Meer zu streuen. Dort hatte er seinem kleinen Mädchen das Tauchen beigebracht, dort waren beide häufig zusammen im Urlaub gewesen. Seine Ex-Frau wollte stattdessen die Urne auf einem Friedhof in Berlin begraben, und zwar unweit der Grabstätte von Rio Reiser, Lieblingssänger der gesamten Familie.

Wie sollten wir dieses Problem lösen? Unnötig zu erwähnen, dass das Teilen der Asche ebenfalls nicht erlaubt ist. Zunächst lud ich beide Eltern zu uns ins Büro ein, erklärte ihnen den Prozess des Einäscherns und bot ihnen an, mit mir ins Krematorium zu fahren. In den meisten Bundesländern untersucht wenige Tage vor dem Verbrennen noch einmal ein Arzt die verstorbene Person, um sicher zu gehen, dass es sich auch wirklich um einen natürlichen Tod handelt. Im Krematorium wird schließlich der Körper im Sarg in den Ofen gefahren. Die Verbrennung findet in der Regel in zwei Kammern statt, der Hauptkammer und einer Nachbrennkammer. Die Temperatur in der Hauptkammer beträgt 650 Grad, in der Nachbrennkammer 850 Grad. Übrig bleiben am Ende die mineralischen Reste des Körpers, 97,5 Prozent Knochenreste, 2,5 Prozent andere Stoffe. Die verbrannten Reste werden am Ende durch eine Aschemühle gedreht, das, was dann noch übrig ist, kommt in die Urne.

Am Tag der Beisetzung vergaß ich Schussel in der Kapelle meinen Schraubenschlüssel direkt neben der Urne. Also bat ich den Vater der jungen Frau, mir mein Werkzeug zu holen. Nach fünf Minuten kam er zurück, die Beisetzung konnte beginnen. Zur Musik von Rio Reiser trugen die Eltern die nun um einige Gramm leichtere Urne zur Gruft. Wenige Tage nach der Trauerfeier nahm der Vater Urlaub und flog nach Thailand. Und ich nahm mir vor, auch in Zukunft dann und wann meinen Schraubenschlüssel liegen zu lassen, damit auch andere enge Angehörige die Möglichkeit bekommen, sich ein wenig von der Asche ihrer Verstorbenen mitzunehmen.

Natürlich bin ich in den Jahren meiner Bestattertätigkeit auch an Grenzen gestoßen. Besonders dieser eine Fall ist mir in Erinnerung geblieben. Eine Frau, die sich aus der Zivilisation weitestgehend zurückgezogen hatte, in der freien Natur

lebte und sich von überfahrenen Tieren ernährte, verlor ihr un-
geborenes Kind. Sie wünschte sich, ihr Kind zurück in die Natur zu geben, und wir diskutierten gemeinsam, welche Möglichkeiten sie hatte. Hätte ich in diesem Fall alles dafür getan,
um die Wünsche der trauernden Frau zu erfüllen, hätte ich den
toten Fötus aus der Kühlung nehmen müssen, um ihn im Wald
zu begraben. Aber das konnte ich nicht tun, auch ich habe meine Grenzen. Man stelle sich vor, wie Monate später ein Jagd-
hund die Überreste eines Babys ausgräbt. Nein, das wollte und
konnte ich nicht verantworten. Letzten Endes führte kein Weg
daran vorbei, den toten Fötus zu verbrennen. Von einem Baby
bleibt nach der Einäscherung nicht mehr übrig als eine Tasse
Asche. Mit diesem winzigen Rest gingen wir zusammen in die
Natur. *Fuck the system.* Wenigstens ein bisschen. Und trotzdem
blieb das Gefühl, der Frau nicht den Abschied für ihr totes Kind
verschafft zu haben, den sie sich am sehnlichsten gewünscht
hatte.

Meine Lieblingsgeschichte, wenn es um das Ausloten von
gesetzlichen Möglichkeiten geht, ist das Ende von Gram Parsons. Parsons, Mitglied der legendären Byrds, war ein fantasti-
scher Musiker, der sogar Einfluss auf die Entwicklung der
Rolling Stones hatte. 1973 starb ebenjener Parsons einen vernünftigen Tod als Rock'n'Roller: nach einer Überdosis Mor-
phium. Seinem Manager und Freund Phil Kaufman hatte Parsons in den Jahren zuvor mitgeteilt, wie und wo er im Falle
seines Todes beerdigt werden wollte, was den armen Kaufman
jedoch vor erhebliche Probleme stellte, hatte sein Freund sich
doch gewünscht, im Joshua-Tree-Nationalpark, einer Wüsten-
landschaft im Südosten Kaliforniens, verbrannt zu werden.
Nicht am Rand, nicht in einem Krematorium, nein, mitten in

der Wüste unter dem Sternenhimmel. Kaufman und sein Freund Michael Martin tranken sich den nötigen Mut für ihr waghalsiges Unterfangen an, klauten einen roten Leichenwagen und schafften es irgendwie (wohl sehr betrunken), den Leichnam ihres Kumpels am Flughafen von Los Angeles abzufangen, von wo er eigentlich in Parsons' Heimat Florida überführt werden sollte, um nach den Vorstellungen seiner konservativen Familie beigesetzt zu werden. Kaufman und Martin können heute nicht mehr sagen, wo genau in der Wüste sie den Körper ihres verstorbenen Freundes mit Benzin übergossen und verbrannt haben.

Es gibt viele ähnliche Geschichten wie diese, wenn auch mit weniger prominenten Namen und ohne geklaute Leichenwagen. Gerade in einer Stadt wie Berlin, in der viele Zugezogene leben und sterben, treffen beim Abschied oft Welten aufeinander. Da stehen dann auf der einen Seite die konservativen Angehörigen aus dem Heimatdorf den engen Freunden des Verstorbenen gegenüber, der sich fern der Heimat eine neue, vielleicht deutlich alternativere Existenz aufgebaut hatte. Nehmen wir mich: Ob meine Mutter wohl wüsste, welche Musik auf meiner Beerdigung gespielt werden sollte? Wer soll überhaupt alles kommen, wenn ich morgen sterbe? Vermutlich hätte sie keine Ahnung.

Freunde von mir haben sich mal auf einen Friedhof geschlichen, um die Urne zu stehlen, weil sie die Asche des Verstorbenen da verstreuen wollten, wo ihr Kumpel es sich gewünscht hatte. Störung der Totenruhe kann in Deutschland mit bis zu drei Jahren Gefängnis bestraft werden. Und es ist immer auch die Frage, inwiefern man mit solchen Aktionen die Angehörigen umgeht, beleidigt oder in ihrer Trauer stört.

Es sind schon wieder einige Jahre vergangen, seit ich mit Schaufel und Stirnlampe bewaffnet über jene Friedhofsmauer klettern
musste, um trauernden Angehörigen ihren Wunsch zu erfüllen.
Leider hat sich seit meiner Zeit als Praktikant – Bremen einmal
ausgenommen – nicht viel geändert in Deutschland, wenn es
um das so sensible Thema Bestattung und Trauerbegleitung
geht. Ich verstehe nicht, warum eine ganze Branche weiterhin
so fernab von offensichtlichen Bedürfnissen ihrer Kunden arbeitet. Will niemand etwas an diesem Zustand ändern? Kann
niemand etwas daran ändern? Zeit und Privatsphäre sind für die
meisten Bestatter nicht annähernd so wichtig wie ein gutes Geschäft. Vielleicht wird man auch zynisch, wenn man zu lange
mit dem Thema Tod zu tun hat. Die Initiative muss von den
Sterbenden und von ihren Angehörigen ausgehen.

2. Kapitel

21 Gramm

In unserer Gesellschaft ist der direkte Umgang mit Toten äußerst selten geworden. Wir müssen nicht mit den Schrecken von Krieg und tagtäglichem Terror zurechtkommen, es gehört für die meisten von uns auch nicht zu den Aufgaben, verstorbene Menschen zu waschen oder anderweitig auf die Bestattung vorzubereiten, wie das beispielsweise in vielen jüdischen und muslimischen Gemeinden üblich ist. Längst haben sich, vor allem in den Großstädten, die familiären Strukturen verschoben, Oma und Opa sterben nicht mehr unter unserem Dach, sondern in Pflege- und Altersheimen, Krankenhäusern oder Hospizen. Gleichzeitig begegnet uns der Tod regelmäßig in den Nachrichten, in Serien, in Filmen, in Büchern, in den sozialen Medien. Der Kontakt zu Verstorbenen ist virtueller und unpersönlicher geworden. Als »oversexed and underfucked« hat mal ein US-Amerikaner unsere Erste-Welt-Gesellschaft bezeichnet, das passt auch zum Umgang mit dem Tod. Wir sehen andauernd Sterben und Tod in den Nachrichten, in Filmen und Serien, aber in der Realität haben wir damit nichts zu tun. Ich

selbst erwische mich dabei, wie ich auf amerikanische Krimi-
serien verweise, wenn ich unseren Kühlraum für Verstorbene
beschreibe.

Als ich das erste Mal tote Menschen sah, hatte ich gerade meinen Führerschein gemacht. Mein Opa Manfred arbeitete als
KFZ-Sachverständiger bei der DEKRA, und eine seiner Aufgaben bestand darin, Verkehrsunfälle mit Todesfolge zu begutach-
ten. Opa Manfred wusste also bestens Bescheid über die Gefahren, die auf einen jungen Fahranfänger, wie ich es war, zukommen,
und um mir ein Beispiel dafür zu geben, welche Folgen die Mischung aus jugendlicher Unerfahrenheit und Alkohol haben
kann, wählte er ein sehr abschreckendes. Opa nahm mich mit zu
einer Unfallstelle. Da lagen sechs junge Tote, Opfer eines furcht-
baren Unfalls auf einer mecklenburgischen Landstraße. Dieses
Erlebnis hinterließ zwar den gewünschten Eindruck, hielt mich
allerdings nicht vom Alkohol ab.

Viele Jahre später hätte ich eigentlich einen anständigen
Whiskey vertragen können, da nämlich war ich als junger Novi-
ze in meinem Bestattungshaus kurz davor, meinen ersten »richtigen« Toten zu sehen. Ich hatte mir dieses Bestattungsunternehmen ja auch deshalb ausgesucht, weil es als eines der wenigen
noch alles selbst machte. Viele Bestatter arbeiten inzwischen mit
verschiedenen Dienstleistern zusammen, die dann beispielsweise
die Verstorbenen abholen, reinigen und ankleiden, ich aber
wollte die volle Dröhnung und die sollte ich nun bekommen.

Zwei Wochen nach Beginn meines Praktikums betrat ich
also den gekachelten Nebenraum einer kleinen Berliner Friedhofskapelle. Unser Haus hatte diesen Raum gemietet, um hier
die Verstorbenen zu kühlen, einzukleiden und – wie es im Be-
statter-Jargon heißt – hygienisch zu versorgen. Mein Kollege

öffnete die Tür eines großen Schrankes und zog ein Tablett aus der Kälte. Ich war äußerst angespannt und nervös. Was, wenn mich der Anblick eines Toten aus den Latschen kippen ließ? Ich den Geruch nicht ertragen würde? Vor dem erfahrenen Bestatter auf die Kacheln kotzen müsste? Als die Schuhe und die Anzughose des Mannes zu sehen waren, schlug mein Herz wie verrückt. Dann die Hände, ein wenig verschrumpelt. Und schließlich der Kopf. Meine Aufregung wich mit einem Schlag, ich war beinahe enttäuscht. Dieser Mensch sah nicht sehr tot aus, jedenfalls in meiner Wahrnehmung. Sondern eher so, als würde er tief und fest schlafen. Als ich das dem Bestatter sagte, sah er stolz aus, damit hatte ich ihm ein Kompliment gemacht. Wir schoben den Mann zurück in die Kühlung. Einen Tag später wurde er mit dem Flugzeug nach Indien überführt.

Andere Erfahrungen machte ich kurze Zeit darauf bei einem Termin in einem Altenheim. Ein älterer Herr war in seinem Bett verstorben. In seinem Zimmer stank es fürchterlich, der Mann hatte ins Bett gemacht. Seine Haut war aschfahl, der Kopf war schlaff zur Seite gedreht, der Mund leicht geöffnet, die Augen standen weit offen. Der Verstorbene war zugedeckt, sein Körper unterhalb der Bettdecke war noch warm, aber der Rest des Körpers hatte bereits begonnen auszukühlen. Dieser Mensch sah nicht aus, als ob er schlafen würde. Er war ganz offensichtlich tot. Ich fragte den Bestatter, woran der Herr gestorben sei. Überrascht schaute er mich an. Bestatter interessiert es in der Regel nicht, woran jemand gestorben ist. Er konnte mir erst eine Antwort geben, als er in den Unterlagen nachgeschaut hatte. Der zuständige Arzt hatte einen natürlichen Tod festgestellt, genauer gesagt: ein Multiorganversagen, kurz MODS genannt. Auf dem Weg zurück ins Bestattungshaus musste ich darüber nachdenken. Wie wichtig ist es eigentlich, woran ein Mensch gestorben ist? Macht es für die Angehörigen einen Unterschied, wenn jemand bei einem Unfall ums Leben kam oder seinem Krebsleiden erlegen ist?

Neunzig Prozent der Deutschen sterben an einem Tumor, an einem Herzleiden, an einem Organversagen, jeder 288. durch einen Unfall im Straßenverkehr. Etwa zehn Menschen sterben pro Jahr durch den Angriff eines Hais. In deutschen Gewässern schwimmen keine Haie. Die absolute Mehrheit der Deutschen wird vom Tod also nicht überrascht, sondern muss bzw. kann sich auf das Sterben einstellen und vorbereiten. Tun wir das auch? Lassen wir den Gedanken zu, sterben zu müssen? Die aktuelle Lebenserwartung in unserem Land liegt bei einundachtzig Jahren, und wir werden immer älter. Wir beschäftigen uns in den ersten zwei Jahrzehnten unseres Lebens nur in Ausnahmefällen mit dem Tod. Wenn wir in den Dreißigern sind, haben wir bereits Erfahrungen mit dem Sterben sammeln müssen. Die Großeltern sind tot oder schon sehr alt. Unsere eigenen Eltern kommen ins Rentenalter und sind anfälliger für Krankheiten. Auch im Freundes- und Bekanntenkreis hat es bereits die ersten Todesfälle gegeben. Ab dem zweiundvierzigsten Lebensjahr steigt die Zahl der Verstorbenen in unserem Umfeld signifikant an, und interessanterweise können wir auch erst jetzt bei den meisten Versicherungen Zusatzleistungen buchen, die die anfallenden Kosten einer Beerdigung decken. Die Rollen ändern sich, Mama und Papa werden alt und brauchen vielleicht irgendwann die Unterstützung und Pflege, die sie einst ihren Kindern zuteilwerden ließen. Der Tod rückt immer näher und bekommt im Laufe der Zeit eine immer größere Bedeutung. Und mit ihm der Abschied und die Trauer.

Und trotzdem sind viele Menschen nicht auf den Tod vorbereitet. Weil sie es jahrelang nicht zugelassen haben, sich mit dem Unausweichlichen zu beschäftigen. Wie oft habe ich es in den vergangenen Jahren erlebt, dass Menschen, die vermeintlich plötzlich mit dem Thema Tod konfrontiert wurden, in ein Chaos der Gefühle und der Verunsicherung abrutschten. Wer erstmals mit dem Tod eines geliebten Menschen zu tun hat, der muss sich vor allem mit vielen Fragen beschäftigen, die er sich vorher nie gestellt hat. Wie nehmen wir Abschied? Und wo? Und was können wir tun, damit auch alles seine Richtigkeit hat? Viele vergessen dabei das Wichtigste: vernünftig zu trauern und den Verlust richtig zu verarbeiten.

Der Tod kommt sicher, aber wann er kommt, dass kann niemand sagen. Ärzte, Hospizmitarbeiter und Pflegekräfte mögen aus Erfahrung erkennen, wann ein Mensch in den finalen Sterbeprozess eintritt, aber den genauen Zeitpunkt können auch sie nicht bestimmen. Ich habe in all den Jahren tatsächlich noch nicht eine verlässliche Aussage über den Zeitpunkt eines Todesfalls bekommen. Menschen, denen man keine vierundzwanzig Stunden mehr gab, blieben noch wochenlang am Leben, andere schienen sich wieder besser zu fühlen und waren einen Tag später tot. Der Prozess eines natürlichen Todes ist sehr komplex und noch immer nicht völlig durchdrungen. Sicher ist, dass unser Körper in diesem finalen Stadium zwar ums Überleben kämpft, gleichzeitig aber auch schon damit beginnt, sich langsam abzuschalten. Die Blutversorgung der Extremitäten wird immer schlechter, die Atmung flacht ab. Häufig nehmen Sterbende in den Tagen und Wochen vor dem Ende wenig oder gar keine Nahrung mehr zu sich, schließlich auch keine Flüssigkeit. Wann ein Mensch dann wirklich tot ist, darüber streiten sich

Mediziner und Experten seit Jahren. Es gibt Ärzte, die den Tod eines Menschen offiziell bestätigen, wenn die Gesamtfunktion des Groß- und Kleinhirns und der Hirnrinde eingestellt ist, vor allem dann, wenn dem Toten Organe entnommen werden sollen. Die rechtliche Feststellung des Todes ist anderen Kriterien unterworfen. Schließlich ist die moderne Medizin in der Lage, einen vermeintlich toten Menschen noch sehr lange künstlich am Leben zu erhalten. Wann also ist man auch wirklich tot?

Ärzte brauchen mindestens ein sogenanntes sicheres Merkmal dafür, dass der Verstorbene auch wirklich verstorben ist. Erst dann darf auch der Bestatter mit seiner Arbeit beginnen. Eines dieser sicheren Merkmale sind Totenflecken. Zwanzig bis dreißig Minuten nachdem ein Organismus nicht mehr arbeitet, beginnen sie sich auf dem Körper auszubreiten. Die Leichenstarre setzt etwa zwei Stunden nach dem Tod ein und verbreitet sich über die Augenlider und die Kaumuskeln und dann über den Rest des Körpers. Bei meiner Arbeit kann das durchaus zum Problem werden. Einmal versuchten wir mit vereinten Kräften, einen über 1,90 Meter großen Mann, bei dem die Leichenstarre bereits eingesetzt hatte, in einen normalen Sarg zu betten, es gelang uns aber nicht, seine Beine auch nur einen Zentimeter anzuwinkeln. Nach 24 Stunden lässt sich die Leichenstarre allerdings wegmassieren, mit ganz langsamen Bewegungen schafft man es, die Gelenke wieder zu bewegen, was vor allem dann wichtig ist, wenn man den Verstorbenen noch einkleiden möchte. Wenn die Leichenstarre nachlässt, beginnt der Körper sich zu zersetzen. Neben der offensichtlichen Zerstörung eines lebensnotwendigen Körperteils – beispielsweise bei einem Autounfall, bei dem der Kopf vom Rumpf getrennt wurde – und dem Befall von Tieren (Würmern und Parasiten) ist das ein weiteres sicheres Merkmal dafür, dass ein Mensch wirklich tot ist.

Ein Arzt, der in Deutschland den Tod eines Menschen feststellen muss, kann auf dem Leichenschauschein unter drei Möglichkeiten wählen: dem natürlichen Tod, dem nicht natürlichen Tod und dem ungewissen Tod. Bei einem natürlichen Tod gab es in der Regel eine konkrete Krankheit, die zum Ableben führte, für den Arzt ist klar erkennbar, dass weder ein Unfall noch eine fehlerhafte medizinische Behandlung oder ein Fremdverschulden zum Tod führte. Der nicht natürliche Tod war zumeist Folge eines Sturzes, eines medizinischen Eingriffs, einer Gewalteinwirkung oder eines Unfalls. Viel zu selten entscheiden sich zuständige Mediziner für Variante drei, den ungewissen Tod.

Um den Tod eines Menschen festzustellen, braucht es keine spezielle Weiterbildung, beispielsweise, um eine Vergiftung zu erkennen. Allerdings lässt sich ohne eine Obduktion in den meisten Fällen nicht zweifelsfrei klären, *woran* ein Mensch gestorben ist. Schon gar nicht von einem Arzt, der nicht in die Krankengeschichte des Verstorbenen eingeweiht ist. Bis auf Bayern muss in allen Bundesländern noch ein weiterer Mediziner eine zweite Leichenschau vornehmen, ehe der Verstorbene eingeäschert wird. In fünf Prozent der Fälle kommt es vor, dass die zunächst festgestellte Todesursache angezweifelt wird. Dann passiert das, was auch passieren würde, wenn die Todesursache als unklar oder nicht natürlich eingestuft worden wäre: die Polizei ermittelt, sucht nach Spuren, befragt Zeugen. Am Ende entscheidet die zuständige Staatsanwaltschaft, ob der Körper obduziert werden soll. Schon so mancher im Pflegeheim verheimlichte Sturz wurde auf diese Weise aufgedeckt.

Über neunzig Prozent von uns müssen sich darauf einstellen, einen natürlichen Tod zu sterben. Oft ist so ein natürlicher Tod ein langsamer Tod. Wir werden krank, bekommen Diagnosen, werden behandelt, wir kämpfen gegen den Tod, wir sterben. All das betrifft nicht nur die, die sterben werden, sondern auch ihr Umfeld. Wir leiden mit, wenn ein geliebter Mensch krank wird, wir suchen im Internet oder im Freundeskreis nach möglichen Therapieformen gegen diese und jene Erkrankung, wir erschrecken, wenn unser Kumpel seit dem letzten Besuch schon wieder fünf Kilo leichter geworden ist. Wir müssen es ertragen, uns auf das Ende vorzubereiten. Familienmitglieder und Freunde versöhnen sich auf diesen letzten Metern oder zerstreiten sich, kein Thema bewegt uns emotional so sehr wie der nahende Tod. Dieser steinige Weg der Abschiednahme bringt alle Beteiligten an ihre Grenzen. Die, die bleiben, sind danach stärker oder schwächer, in den allermeisten Fällen sensibler im Umgang mit dem Tod und mit Menschen, die sie lieben. Und vermutlich wird jeder von uns, der solch einen Prozess als Angehöriger begleitet hat, feststellen, wie wertvoll unser Leben doch eigentlich ist.

Was bleibt, wenn wir mal nicht mehr sind? Der amerikanische Arzt Duncan MacDougall hat 1907 die Ergebnisse seines sogenannten »21 grams experiment« veröffentlicht. Für seine Studie wog der Arzt sechs Menschen vor und nach ihrem Tod und stellte fest, dass die verstorbenen Körper im Schnitt um 21 Gramm leichter waren. Weil MacDougall bei fünfzehn (!) von ihm vergifteten Hunden keinen Gewichtsunterschied feststellen konnte, stellte er die These auf, die Seele eines Menschen wiege im Schnitt 21 Gramm. Mal abgesehen davon, dass ein solches Experiment ganz sicher nicht den Tod von fünfzehn unschuldigen Tieren rechtfertigt (und nicht den wissenschaftlichen Standards entsprach), interessiert es mich nicht, ob es nun eine Seele gibt oder nicht. Mich interessiert, was es den Menschen bedeutet, wenn sie sich auf das Ende zubewegen und dabei ihre Lieben um sich herum wissen. Und was es mit diesen Lieben macht, die Menschen auf ihren letzten Weg begleiten.

Jede Beziehung beinhaltet früher oder später eine Trennung. Und (fast) jede Trennung hat Trauer zur Folge. Um die Trauer kommen wir, die bleiben, nicht herum. Also sollten wir lernen, mit ihr umzugehen. Während einer Trauerphase entwickeln wir Menschen gewisse Kompetenzen, unter anderem jene, den Sachverhalt des Verlustes anerkennen zu können, denn nur so vermögen wir uns auf die neue Lebenssituation einzustellen. Ich sage bewusst »Verlust« und nicht »Tod«, weil sich diese Kompetenz auch entwickelt, wenn eine Liebesbeziehung zu Ende geht oder ein anderes Ereignis das gewohnte Leben auf den Kopf stellt. Menschen, die mit dem Ende einer solchen Beziehung besser zurechtkommen als andere, sind meist auch eher in der Lage, den Tod eines Menschen besser zu verarbeiten.

Gestorben und getrauert wurde schon immer. Selbst Neandertaler haben sich um ihre Verstorbenen gekümmert. Doch der Tod war den Menschen noch nie so fern wie heute, noch nie gaben wir uns so viel Mühe, ihn von uns fernzuhalten. Diesem negativen Trend steuert zumindest die immer größer werdende Hospiz- und Palliativbewegung entgegen. Es gibt sehr viele und sehr viele unterschiedliche Trauermodelle. Doch in einem Punkt sind sich alle einig: dass es wichtig ist, anzuerkennen, dass ein Mensch auch wirklich tot ist. Zu verstehen, dass ein Mensch nicht mehr lebt. Wenn wir im Rahmen unserer Arbeit einen Verstorbenen aufbahren, dann kommen die

Menschen, um mit ihren eigenen Augen festzustellen, dass dieser Tote auch wirklich tot ist. Um den Körper zu berühren und mit ihren Sinnen zu erfahren, was unser Kopf sich nicht vorstellen kann. Was passieren kann, wenn die Erfahrung nicht möglich ist, zeigt ein sehr berühmtes Beispiel.

Am 16. August 1977 um 13.30 Uhr wurde Elvis Presley von seiner Verlobten Ginger Alden tot auf dem Boden einer Toilette in seinem Anwesen Graceland gefunden. Der King hatte einen Anfall erlitten, war noch zwei, drei Schritte gegangen und dann zusammengebrochen. Elvis Presley war tot. Gestorben an einem Darmverschluss und nicht an einer Überdosis Rausch- oder Schlafmittel, wie später spekuliert wurde. Der Medienrummel war gigantisch, einen prominenteren Toten hatte die Pop-Welt bis dahin nicht hervorgebracht. Elvis' Vater Vernon gab eine Obduktion in Auftrag. Mit dem für die Angehörigen schlimmen Ergebnis, dass sich die Ärzte gegenseitig widersprachen und die Diskussionen über Presleys Suchtprobleme nur noch angefeuert wurden.

Die Familie entschied sich letztendlich dafür, Elvis in seinem Sarg aufzubahren und der Öffentlichkeit zugänglich zu machen. 30.000 Menschen konnten sich mit eigenen Augen vom Tod des »King of Rock'n'Roll« überzeugen, weitere 120.000 mussten von der eilig einbestellten Nationalgarde vor den Toren von Graceland im Zaum gehalten werden. In einer Kolonne von vierzehn weißen Cadillacs wurde Elvis am 18. August 1977 auf den Forrest Hill Friedhof in Memphis gebracht und dort neben seiner Mutter Gladys beigesetzt, 80.000 Menschen sollen ihm auf den Weg dahin die letzte Ehre erwiesen haben. Später wurde die Familie gezwungen, die verstorbenen Körper von Mutter und Sohn Presley umzubetten, weil Fans versucht hatten, den berühmten Toten auszugraben. Und bis heute hält sich hartnäckig das Gerücht, Elvis sei gar nicht tot, sondern habe sein Ableben fingiert, um irgendwo in Ruhe ein Leben ohne Starrummel zu führen. Nicht der erste und nicht der letzte prominente Tote, dessen Tod man einfach nicht akzeptieren wollte. Nur über einen Popstar des 20. Jahrhunderts gab es diese Gerüchte nie: Lenin. Von dessen Tod kann man sich bis heute im Mausoleum am Roten Platz in Moskau überzeugen.

Aber hätte Vernon Presley seinen Sohn einbalsamieren lassen sollen, damit die Öffentlichkeit zufrieden gewesen wäre? Vernon war nach dem Verlust seines Sohnes ein gebrochener Mann und starb knapp zwei Jahre später ebenfalls. Er brauchte sich nicht zu fragen, ob Elvis noch lebte. Er wusste, dass er leider viel zu früh verstorben war.

Je näher Menschen dran sind an einem Verlust, je enger sie der verstorbenen Person waren, desto fassbarer wird für sie der Tod. Häufig sind es Trauernde aus der zweiten Reihe, die Probleme damit haben, den Tod des jeweiligen Menschen tatsächlich anzuerkennen. Bei Elvis war diese zweite Reihe gigantisch lang.

Wenn ein Mensch viel zu früh aus dem Leben gerissen wird, befassen sich die, die geblieben sind, häufig mit der Frage nach dem Wie und dem Warum. Es kann nicht sein, was nicht sein darf. Aber macht es letztlich einen Unterschied, ob ein Mensch nicht mehr da ist, weil er im Altenheim entschlafen ist, den Krebs nicht besiegen konnte, von einem Auto überfahren wurde oder an einem Darmverschluss verstorben ist? Auf den Tod kann man sich nur in einer Hinsicht verlassen: Er kommt. Dass er irgendwann an unsere Tür klopft, darauf können wir uns vorbereiten. Bei jedem, den wir lieben, bei jedem, der uns wichtig ist. Dass er unvermeidlich ist, müssen wir akzeptieren. Damit das Leben weitergeht.

Interview:
Clemens Schick über das Abschiednehmen

Clemens Schick, geboren am 15. Februar 1972 in Tübingen, ist Schauspieler und spielte u.a. bereits den Handlanger eines Bond-Bösewichts. Er unterstützt die SPD und ist Komitee-Mitglied bei Human Rights Watch. Er weiß, wie es ist, wenn man einen nahen Angehörigen beim Sterben begleitet.

Clemens, als Schauspieler bereitet man sich auf Rollen vor. Kann man sich auch auf Trauer vorbereiten?

Ja, ich glaube schon. Indem man sich mit dem Tod beschäftigt beziehungsweise mit dem Tod einer Person, die einem nahesteht. Indem man sich Gedanken darüber macht, ob es für einen wirklich okay wäre, wenn diese Person mal sterben sollte.

Wie würdest du dich auf den baldigen Tod einer geliebten Person vorbereiten?

Ich erlebe genau das gerade. Meine Mutter wird bald sterben, wann genau das sein wird, kann ich natürlich nicht sagen. Der Gedanke beschäftigt mich sehr: darüber nachzudenken, wie lange meine Mutter wohl noch da sein wird. Das ist sehr schwierig, weil ich so etwas nicht gelernt habe. Zumal meine Mutter in einem Alter ist, wo wir in unserer Gesellschaft sagen: Es ist okay, dass sie bald sterben wird. Aber das zu akzeptieren fällt schwer.

Ich habe mich lange und intensiv auf den Tod meines Opas vorbereitet, aber als er dann wirklich starb, war ich überrascht, wie sehr mir das wehtat. Und ich denke mir: Wie muss es sich anfühlen, wenn ein geliebter Mensch ganz unvermittelt stirbt und man nicht die Chance hat, sich darauf vorzubereiten. Hast du mit deiner Mutter darüber gesprochen, dass du sehr wohl weißt, dass sie bald sterben wird?

Das ist bei uns kein Thema. Beziehungsweise kein ausgesprochenes Thema. Da bemerke ich eine große Hürde, die ich nicht überwinden kann. Ich schaffe es nicht, sie darauf anzusprechen.

Ich denke mir manchmal, dass ich vielleicht noch mehr das Gespräch mit meinem Opa über seinen bevorstehenden Tod hätte suchen sollen.

Ich habe immerhin vor zwei Jahren gemeinsam mit meinen Geschwistern entschieden, dass meine Mutter nach Berlin zieht. Sie wurde immer schwächer und gebrechlicher. Dadurch, dass sie in der Nähe ist, und man sich viel mehr um sie sorgt und kümmert, ist automatisch eine größere Verantwortung entstanden. Und auch sonst hat sich sehr viel getan in unserer Beziehung. Ich komme aus einer sehr strengen und preußischen Familie. Dass ich jetzt neben dem Bett meiner Mutter sitze und sie ganz lange streichle, hätte ich mir vor ein paar Jahren noch nicht mal vorstellen können. Inzwischen sprechen wir ganz offen über unsere Gefühle und sagen auch sonst Dinge zueinander, die früher nie gesagt worden wären. Und auch meine Mutter hat sich in dieser Hinsicht total geändert.

Macht das was Gutes mit dir?

Ja. Aber ich weiß trotzdem nicht, was sein wird, wenn meine Mutter mal stirbt. Was ich weiß, ist, dass ich durch die Entwicklungen der vergangenen zwei Jahre mit mir und mit meiner Mutter im Reinen bin.

Ich habe häufig Menschen bei mir, die ein schlechtes Gewissen haben, weil sie glauben, sich nicht ausreichend genug um ihre Verstorbenen gekümmert zu haben. Bei dir scheint das anders zu sein.
Auch das Sich-um-jemanden-Kümmern ist ja immer relativ. Es gibt Menschen, die ihre kranke Mutter zu sich nach Hause holen. Ich aber bin zwei Drittel meiner Arbeitszeit auf Reisen, ich hätte also meinen Job in seiner jetzigen Form aufgeben müssen, das wollte ich nicht. Trotzdem kann ich voller Überzeugung sagen, dass ich alles für meine Mutter tue, was ich kann – ohne mein Leben, so wie ich es führe, völlig zu ändern. Natürlich muss ich Abstriche machen. Die Zeit, die ich bei meiner Mutter verbringe, hätte ich sonst mit meinen Freunden verbracht. Für die habe ich deutlich weniger Zeit als früher. Aber sie wissen, dass das kein Dauerzustand ist, und sie verstehen, was aktuell in meinem Leben Priorität hat.

Willst du dabei sein, wenn sie stirbt?
Das ist im Augenblick mein größter Wunsch. Aber ich habe gelernt zu akzeptieren, dass ich das nicht beeinflussen kann, und das hat mir mittlerweile eine gewisse Ruhe verschafft. Selbst wenn ich zehn Stunden pro Tag bei ihr bin, kann es sein, dass sie, fünf Minuten nachdem ich mich von ihr verabschiedet habe, stirbt. Ich kann eine ganze Menge tun, aber ob ich dabei bin, wenn sie stirbt, darauf habe ich keinen Einfluss.

Was wünschst du ihr?
Dass der Tod auf eine Art und Weise leicht ist.

Wenn du morgen erfahren würdest, dass du nur noch wenige Monate zu leben hast, was würdest du dir für dich wünschen?

Ich dachte früher immer, dass ich früh sterben werde. Ich war der Meinung, dass mein Leben so intensiv ist, dass es nicht sehr lange dauern kann. Deshalb habe ich mich schon häufiger mit der Frage beschäftigt. Ich glaube, auf gewisse Art und Weise wäre es für mich okay. Ich habe mein Leben gelebt, mit all den Fehlern und all den verpassten Möglichkeiten. Aber das ist in Ordnung für mich. Als ich noch ein Kind war, waren wir häufiger bei meiner Tante zu Besuch, die im Wachkoma lag und in einem Pflegeheim untergebracht war. Dort hielt man dann kurz ihre Hand, während sie apathisch im Essensraum saß. Ich möchte nicht so enden. Deshalb frage ich mich auch gleichzeitig: Wie kann ich das verhindern? Wann ist der Punkt erreicht, wo man sagt: Jetzt beende ich mein Leben, weil ich würdevoll sterben möchte?

Ich habe neulich die Aufzeichnungen eines Mannes gelesen, der aus dem Koma erwacht ist und von albtraumhaften Wahrnehmungen berichtete. Das muss die Hölle gewesen sein. Ich finde auch, dass es eine Möglichkeit geben sollte, dass man so etwas verhindert. Es gibt zwar Patientenverfügungen, aber es muss ja auch immer jemanden geben, der diese Verfügung umsetzt.

Der plötzliche Tod ist für Angehörige schrecklich, aber für denjenigen, der stirbt, ja eigentlich ganz und gar nicht. Dabei muss ich immer wieder an den Satz denken: Als Schauspieler auf der Bühne sterben. Ich habe das mal live bei einer Lesung beobachten müssen. Ein gefeierter Regisseur und Bühnenbildner wurde achtzig, ihm zu Ehren hatte man ein Buch gestaltet und daraus wurde im Foyer des Schillertheaters vorgelesen. Es war furchtbar heiß, man bekam keine Luft, und plötzlich begann auf der Bühne dieser Todeskampf von einem der

Vorleser. Das war furchtbar. Ich möchte definitiv nicht auf der Bühne sterben.

Wenn du mal sterben solltest – wem traust du zu, dass deine letzten Wünsche auch umgesetzt werden?
Ich würde das vermutlich sehr genau aufschreiben, damit keine Fragen offen bleiben.

Würde da dann zum Beispiel auch stehen, dass man dich noch einmal sehen darf, bevor du beerdigt wirst?
Ja. Weil ich inzwischen merke, wie wichtig das für mich selbst bei meiner Mutter wäre. Ich glaube, es ist wichtig, dass man wirklich sieht, ob ein Mensch tot ist, um den Tod wirklich zu begreifen.

Wer könnte eine gute Trauerrede bei deiner Beerdigung halten?
Mein Psychoanalytiker.

Was soll bleiben, wenn du mal tot bist?
Ach, dann ist doch auch mal gut. Der Tod bedeutet doch auch, dass etwas zu Ende geht. Ich will mich lieber darum kümmern, dass ich zu Lebzeiten möglichst viel von dem umsetze, was ich gerne machen möchte. Und mir nicht Gedanken machen, was mal von mir übrig bleibt.

Wie auch die weiteren in diesem Buch zitierten Interviews erschien dieses Gespräch auf dem Podcast von Eric Wrede: *theendpodcast.org*

3. Kapitel

Schickt mir die Post schon ins Spital

Kürzlich hatte ich einen besonderen Fall. Eine achtzigjährige Dame war verstorben, während sie sich gemeinsam mit ihrer Tochter für den Besuch in der Oper schick gemacht hatte. Sie war gerade dabei gewesen, sich die Haare zu stylen, als ihr Herz aufhörte zu schlagen. Sie starb zu Hause, mitten zwischen ihren Liebsten, während sie sich in Gedanken bestimmt schon auf einen tollen Abend gefreut hatte. Was für schöner Tod.

Auch die Beerdigung habe ich in guter Erinnerung. Ihr Mann, ihre Kinder und Enkelkinder verabschiedeten sich sehr liebevoll von dieser Frau, es war nicht zu übersehen, wie eng die Bande in dieser Familie sind. Was sicherlich auch damit zu tun hat, dass es ihnen finanziell nicht schlecht geht und dass sie den Luxus genießen, in einem schönen Neubau nah beieinander zu wohnen. Vor allem aber auch deshalb, weil diese Mutter und Oma noch gesund genug war, ein selbstbestimmtes Leben zu Hause zu führen, für ihre Angehörigen also nahbarer war, als sie es vermutlich in einem Altenheim gewesen wäre.

Nicht jeder hat das Glück zu sterben, ohne zu leiden. Nicht jeder hat das Glück, in den eigenen vier Wänden sterben zu dürfen. Das ist ein Privileg. Macht es einen Unterschied, ob man zu Hause, in einem Krankenhaus oder einer speziellen Pflegeeinrichtung wie einem Hospiz stirbt? Welche Entscheidungen gilt es im Vorfeld und nach dem Tod zu beachten? Welchen Einfluss hat der Ort, an dem wir sterben, auf die um uns Trauernden? Und warum spreche ich von einem »schönen Tod«, nur weil die Dame zu Hause umfiel und nicht in einem Krankenhausbett verschied? 94 Prozent der Deutschen würden gerne zu Hause sterben, 78 Prozent tun es in einem Krankenhaus. Es muss einen Grund dafür geben, warum fast alle Deutschen am liebsten zu Hause sterben möchten.

Nehmen wir wieder unsere Oma Schulze. Sie ist schon sehr alt und krank. Sie hat drei Kinder großgezogen, die Ehe mit Opa überstanden, sich immer liebevoll um ihre Enkel gekümmert, war auch sonst für alle da und hat ihr Leben bis zu diesem Zeitpunkt selbstständig auf die Reihe bekommen. Aber jetzt verschlechtert sich ihr Gesundheitszustand zusehends. Die Ärzte geben ihr nur noch ein paar Monate. Oma schafft das alles nicht mehr alleine, und nun stellt sich die Frage, wie es mit ihr weitergehen soll. Irgendwer muss Oma den Hintern abwischen, weil sie es selbst leider nicht mehr kann. Jemand muss ihr Medikamente verabreichen und aufpassen, dass sie sich nicht zu einer unkontrollierten Entdeckungsreise aufmacht. Und genau hier kann die Reise Richtung Abschied in die unterschiedlichsten Richtungen gehen.

Nehmen wir den Idealzustand als Ausgangspunkt: Omas Familie ist so intakt (und zahlreich in ihrer Nähe vertreten), dass es kein Problem ist, sie in ihren eigenen vier Wänden zu pflegen.

Vielleicht ist Mama schon Rentnerin, hat selbst Erfahrung in der Altenpflege und zwei andere Familienmitglieder greifen ihr bei den Pflegepflichten unter die Arme. Für Oma wiederum ist es okay, dass Tochter und Enkel ihr beim Toilettengang behilflich sind. Die Chancen stehen in diesem Fall verdammt gut, dass Oma Monate später mit einem Lächeln auf den Lippen im Kreise ihrer Liebsten im eigenen Bett friedlich entschläft. Als Kulturoptimist glaube ich, dass es tatsächlich noch viele solcher intakten Familien gibt. Für einen todkranken Menschen kann es ein großer Luxus sein, die letzten Monate des Lebens zu Hause zu sein. Auch wenn Pflege nötig ist, kann man weiterhin seinen eigenen Rhythmus gestalten, seinen Alltag verbringen, wie man das schon immer getan hat. Und wenn dann die letzte Phase beginnt, ist unsere Gesellschaft inzwischen so weit, dass Palliativmediziner Oma Medikamente verschreiben können, die ihr Leben vielleicht nicht verlängern, ihr aber dabei helfen, die Leiden erträglicher zu machen.

Dann stirbt Oma Schulze, und die Wahrscheinlichkeit ist sehr groß, dass sie dies nicht alleine tut, sondern umgeben von lieben Menschen, die Abschied von ihr nehmen können, wenn sie zu dieser letzten Reise aufbricht. Einen intimeren Moment, als einen Menschen beim Sterben zu begleiten, gibt es nicht. Nicht nur für Oma, sondern auch für die um sie Trauernden ist es ein Privileg, wenn Oma im eigenen Bett entschläft. Kein noch so hübsch hergerichteter Abschiednahmeraum, keine Kapelle, kein Aufbahrungsraum kommt schließlich gegen das eigene Schlafzimmer an. Die Angehörigen stehen nicht unter Zeitdruck oder müssen mit ansehen, wie Oma innerhalb kürzester Zeit in die Kühlung verschwindet. Offiziell muss ein Mensch sechsunddreißig Stunden nach seinem Tod dorthin gebracht werden, allerdings gibt es dabei einigen Spielraum. Dass beispielsweise der Leichnam von Altkanzler Helmut Kohl eine ganze Woche lang in dessen Haus bleiben durfte, war einer Sondergenehmigung zu verdanken, die auch für jeden anderen Menschen beantragt werden kann. In der Regel kümmert sich der Bestatter darum.

Wie lange ein Mensch frisch bleibt, hängt von verschiedenen Faktoren ab. Je mehr Medikamente der Verstorbene zuvor erhielt, desto schneller beginnt der Zersetzungsprozess, beispielsweise bei Menschen, die während oder kurz nach einer Chemotherapie an ihrer Krebserkrankung sterben. Auch bei Alkoholikern beginnen die biologischen Zersetzungsprozesse schneller. Mit dem Alter hat es dagegen weniger zu tun, obwohl es bei verstorbenen Kindern länger dauert, bis der Körper zerfällt. Wichtig ist vor allem die Außentemperatur, weshalb es durchaus Sinn macht, in Omas Schlafzimmer die Heizung runterzudrehen und die Fenster zu öffnen, wenn sie dort noch die erste Zeit nach ihrem Tod bleiben soll. Außerdem gibt es längst spezielle Kühlplatten, die unter einen verstorbenen Körper geschoben werden und so den Zersetzungsprozess verlangsamen.

Für Oma Schulzes Angehörige ist es nach ihrem Tod sehr wichtig, einen Arzt zu kontaktieren, damit der ihr Ableben auch offiziell bestätigen kann. Es ist schon vorgekommen, dass plötzlich der Enkel in Verdacht geriet, seiner Oma beim Sterben nachgeholfen zu haben, und noch häufiger habe ich Anrufe mit folgendem Wortlaut bekommen: »Ich *glaube,* Oma ist gestorben.« Groß war der Schock, wenn sie fünf Minuten nach diesem Anruf plötzlich doch wieder anfing zu atmen.

Wenn der Arzt Oma Schulzes Tod festgestellt hat und wenn mit dem zuständigen Bestatter ein Termin für ihre Abholung vereinbart wurde, dann lässt sich zu Hause natürlich viel besser Abschied nehmen, als das anderswo möglich wäre. Oma kann gewaschen und angezogen werden, niemand stört hier ihre Totenruhe. Der Sohn kann nach Lust und Laune im Hintergrund Omas Lieblingsschlager laufen lassen. Übrigens wäre Familie Schulze so ein Abschied theoretisch auch dann möglich, wenn Oma im Krankenhaus, Pflegeheim oder Hospiz gestorben wäre. Innerhalb der sechsunddreißig Stunden darf sie in ihre Wohnung gebracht werden, das muss nur entsprechend kommuniziert werden, vorrangig mit dem Bestatter; der ist als Einziger berechtigt, einen toten Körper durch die Gegend zu fahren. Diese Lizenz und das dafür vorgesehene Spezialfahrzeug (ein fast noch schlimmeres Wort als Leichenwagen) sind eigentlich die einzigen Alleinstellungsmerkmale eines Bestatters. Und auch die Pflegekräfte rechtzeitig zu informieren, ist in diesem Fall natürlich wichtig.

Die Vorstellung, einen Menschen zu Hause zu pflegen und das bis zu seinem Tod auch noch selbst zu übernehmen, ist sehr schön. Aber sie birgt Risiken. Selbst wenn das Verhältnis zur Oma eng und vertrauensvoll ist, selbst wenn es den Angehörigen möglich ist und nichts ausmacht, sich zu Hause um sie zu kümmern, meistens macht so etwas den Abschied nicht leichter. Im Gegenteil. Ich hatte Frauen vor mir sitzen, die sich zu Tode schämten, weil sie Erleichterung verspürten, als Großmutter endlich gestorben war. Weil sie sich selbst in der Pflege so verausgabt und verloren hatten, dass die eigenen sozialen Kontakte zerbröckelten. Weil so eine Intensivpflege eine gigantische Aufgabe ist. Oder weil das Verhältnis zu Oma auch deswegen immer schlechter wurde, da man sich nun mal nicht auf Augenhöhe bewegt, wenn man einer anderen Person den Hintern abwischt.

Ich bin sehr skeptisch, wenn ich mit Menschen spreche, die sich vorgenommen haben, ihre Angehörigen auf der Zielgerade ihres Lebens so eng zu begleiten. Dann berichte ich ihnen von den zahlreichen Aufgaben, die das mit sich bringt. Wie viel Zeit und Mühen diese Aufgaben kosten. Und welche Auswirkungen das auf das Verhältnis zwischen Pfleger und Gepflegtem haben kann. Es war Oma, die Mama früher die Windeln wechselte. Was macht es mit Oma, wenn am Ende ihres Lebens die Rollen plötzlich vertauscht sind? Und wie soll man die Zeit dafür finden, besondere Erinnerungen an einen Menschen zu sammeln, wenn man vor allem damit beschäftigt ist, Bettpfannen zu reinigen? Wenn irgendwann mal meine Oma sterben wird, was hoffentlich erst in vielen Jahren passiert, dann will ich mich doch eher daran erinnern, wie sie mir leicht angetüdelt einen versauten Witz erzählt hat, und nicht an ihren Nachttopf.

Nicht immer nutzen Menschen die Zeit mit ihren sterbenden Freunden oder Verwandten, um Witze auszutauschen. Ein schlechtes Gewissen ist ein Multiplikator für Trauer, und ich finde es wichtig, dass diese letzte verbleibende Zeit auch dafür verwendet wird, bestimmte Dinge noch aus der Welt zu schaffen. Einmal hatte ich einen Mann bei mir, der gerade seinen Vater verloren hatte. Er stand vor dem Verstorbenen – und fing auf einmal an, ihn anzuschreien. Da musste noch ganz viel raus, und ihm schien das gut zu tun.

Man sollte sich wirklich darüber im Klaren sein, welche Gefahren lauern, wenn man sich dafür entscheidet, Oma selbst zu pflegen. Sonst kann es einem ergehen wie der Mutter der früheren MTV-Moderatorin Sophie Rosentreter, die mir in einem Interview für meinen Podcast deren traurige Geschichte erzählte. Sophie engagiert sich mit der Initiative »Ilses weite Welt« für demenziell Veränderte und ihre Familien. Sophie und ihre Verwandten haben das selbst erlebt. Ihre Großmutter wurde dement. Sophies Mutter fühlte sich verpflichtet, sie zu pflegen. Was sie dabei vergaß? Sich selbst und vor allem die Beziehung zu ihrer Mutter. Die Pflege war so kräftezehrend, dass sie kurz nach dem Tod der Oma selber krank wurde und bald darauf verstarb. Wir erleben es auch in unserer Arbeit täglich, dass insbesondere Frauen sich diese immense Last auferlegen, weil sie glauben, das werde von ihnen erwartet. Ich finde solche Gedanken und eine solche Erwartungshaltung verständlich, aber für die Familien sehr problematisch.

Was also tun, wenn der Tod naht und jemand Pflege benötigt, die man als Familie eigentlich nicht mehr leisten kann, ohne sich selbst aufzugeben? Was tun, wenn man seine Energie lieber darauf verwenden möchte, die restliche Zeit mit Oma anders und schöner zu nutzen? Eine sehr gute Idee ist es, sich über die Standorte und Möglichkeiten umliegender Hospize oder ambulanter Hospizdienste zu informieren. Ein Hospiz ist eine besondere Einrichtung für Menschen, die an einer unheilbaren Krankheit leiden und daran sterben werden, ein geschützter Bereich mit speziell geschulten Medizinern und Pflegern, die einem todkranken Menschen die letzte Zeit seines Lebens so angenehm wie möglich machen wollen.

Das weltweit erste Hospiz wurde 1967 in England eröffnet, in Deutschland gibt es diese Einrichtung seit 1986. Und weil sich in den vergangenen drei Jahrzehnten glücklicherweise sehr viel im Bereich der Sterbebegleitung getan hat, gibt es in Deutschland inzwischen mehr als 230 stationäre Hospize und über 1500 ambulante Hospizdienste. Für Hospize und auch Palliativstationen gelten bestimmte Regeln, zum Beispiel, dass sie nur eine begrenzte Anzahl von Betten haben dürfen, damit jeder Patient den Freiraum bekommt, den er braucht. Anders als dies bei Altersheimen der Fall ist, muss man für den Aufenthalt im Hospiz nichts zahlen. In der Regel übernimmt die Krankenkasse fünfundneunzig Prozent der Kosten, den Rest müssen die Hospize über Spenden selber finanzieren. Es gibt keine Vorzugsbehandlung für Menschen, die mehr Geld haben als andere. Der Gradmesser ist hier nicht der Kontostand, sondern der Zustand und die Bedürftigkeit der Patienten. Manche dieser Einrichtungen machen es möglich, dass Oma noch einmal an ihren geliebten Ostseestrand fahren kann oder auf dem Ponyhof den Geruch von frischen Pferdeäpfeln genießen darf, weil sie das an ihre Kindheit erinnert. Palliativmediziner versuchen nicht, das Leben um jeden Preis zu verlängern, sondern es dem Patienten so angenehm wie möglich zu machen. Und ja, in Hospizen werden auch Hintern abgewischt, damit ihr euch lieber von Oma einen dreckigen Witz erzählen lassen könnt.

Nur jeder Zehnte will allerdings in einem Hospiz oder auf einer Palliativstation sterben. Meine Oma fand Hospize immer ganz gruselig. Bis sie das erste Mal eine dieser Einrichtungen von innen sah und verstand, was sie alles leisten können. Auch ich selbst will – Stand jetzt – nicht in einem Hospiz sterben (was gegenwärtig übrigens auch nur drei Prozent der Deutschen tun). Aber ich bin jung und zum Glück gesund, ich kann nicht sagen, wie mein krankes neunzigjähriges Ich reagieren wird. Vielleicht habe ich dann aber auch gar keine Wahl mehr und liege wie Oma Schulze im Krankenhaus, wenn der Tod naht. Ich hoffe sehr, dass das nicht passieren wird. Denn Krankenhäuser mögen der richtige Ort für Kranke sein, für Sterbende sind sie es nicht.

Oma Schulze ist also tot. In diesem Moment ist sie auch für das deutsche Sozialsystem gestorben, die sechzig Euro für die Feststellung ihres Todes müssen ihre Angehörigen nachträglich zahlen. Weil in den meisten Krankenhäusern chronischer Bettenmangel herrscht, muss Oma Schulzes Bett so schnell wie möglich frei werden, ganz besonders dann, wenn sie – wie die meisten Menschen – im Rahmen einer intensiven Betreuung verstirbt. Nun trennt sich die Spreu vom Weizen. Noch in den Achtzigerjahren wurden Sterbende in den letzten Stunden ihres Lebens ins Badezimmer geschoben, um schneller Betten freizumachen. Und bis heute ist es durchaus noch an der Tagesordnung, dass der verstorbene Mensch innerhalb kürzester Zeit – ich spreche hier von Stunden – in den Kühlraum des Krankenhauses verfrachtet wird. Nicht selten nackt oder nur mit einem Krankenhausleibchen bekleidet, inklusive der venösen Zugänge am Körper. Natürlich ist das eines Menschen nicht würdig, und natürlich wird so jedes anständige Abschiednehmen verhindert.

Aber natürlich muss das nicht passieren, wenn Oma Schulze oder ihre Familie zuvor deutlich kommuniziert hat, was mit der Verstorbenen passieren soll. Viele Krankenhäuser haben inzwischen Sterberäume eingerichtet, sei es nur ein kleines gekacheltes Zimmer irgendwo in den Katakomben des Gebäudes. Häufig wissen Ärzte und Schwestern nicht einmal, dass so ein Raum in ihrem Krankenhaus existiert. Ich habe das selbst in Berlin erlebt, wo ich während einer Ausbildungsstunde zum Thema Sterbebegleitung für Pfleger und Ärzte in ratlose Gesichter blickte, als ich den jüngst eingerichteten Abschiedsraum lobend erwähnte. Und selbst wenn es keinen solchen Raum geben sollte oder er gerade belegt ist: Vielleicht findet sich ja irgendwo ein leeres Zimmer, wo Oma Schulze nach ihrem Tod noch für ein paar Stunden liegen kann, damit ihre Familie Zeit hat, in Ruhe Abschied zu nehmen. Sprechen sie die Krankenschwestern darauf an! Wer verweigert schon Menschen, die gerade einen geliebten Angehörigen verloren haben, den Wunsch, an einem ruhigen Ort Lebewohl zu sagen.

Und wenn wir schon dabei sind: Oma Schulze muss nicht im Nachthemd in der Kühlung landen, wenn sie zuvor in jenem ruhigen Zimmer von ihren Lieben angekleidet und gewaschen wurde. Die Familie ist juristisch gesehen sogar im Recht, wenn sie nicht möchte, dass Oma in den Kühlungsraum im Krankenhaus kommt – jeder Verstorbene hat einen Menschen, dem nach dem Ableben das Totenfürsorgerecht zugesprochen wird. Wobei ich die klare und direkte Kommunikation mit dem Krankenhauspersonal bevorzugen würde, statt einstweilige Verfügungen zu erwirken. Aber auch das habe ich bereits erlebt. Wie natürlich auch sehr negative Erlebnisse mit zum Teil überfordertem Krankenhauspersonal.

Einmal musste ich meine 1,95 Meter einsetzen und mich vor Ärzten aufbauen, die einem trauernden Elternpaar nicht erlauben wollten, sich zumindest zwei Stunden von ihrem gerade verstorbenen Kind zu verabschieden. Ziemlich paradox ist, dass Krankenhäuser inzwischen sehr wohl Rücksicht nehmen, wenn die Angehörigen bestimmte religiöse Sterberiten geltend machen. Mehr als einmal habe ich Menschen geraten, sich in dieser Hinsicht zu »tarnen« und sich zu einer bestimmten Religion zu bekennen, um so die Möglichkeit zu bekommen, auf halbwegs würdevolle Weise Abschied zu nehmen. Eine doppelte Perversion: In ihrer Trauer werden Menschen gezwungen zu lügen. Eine vernünftige Trauerkultur sieht anders aus.

Ärzte und Pflegepersonal bekommen Schulungen und Zusatzausbildungen, wie sie sich im Todesfall gegenüber Angehörigen zu verhalten haben, aber die Zahl der Krankenhäuser, in denen man sich ernsthaft Gedanken in dieser Hinsicht macht, ist weiterhin erschreckend gering. Selbst die berühmte Charité in Berlin rühmt sich offiziell mit den vielen Babys, die hier auf die Welt geholt werden oder den erfolgreich behandelten Krankheiten, nicht aber mit den Patienten, die man auf bestmögliche Art und Weise beim Sterben begleitet hätte. Dabei wird in Krankenhäusern mehr gestorben als geboren. Warum tun wir uns so schwer mit dem Tod, selbst da, wo er ganz offensichtlich noch intensiver zum Leben dazugehört? Manchmal habe ich den Eindruck, dass in Krankenhäusern vor allem das System erkrankt ist. Wenn Oma Schulze zum Beispiel in einer Freitagnacht verstirbt, kann es gut sein, dass ihre Familie sie erst am Montag wieder zu Gesicht bekommen darf, weil am Wochenende das nötige Personal fehlt, um bestimmte Wünsche zu erfüllen. Und dann liegt sie sehr sicher schon in einer gekühlten Schublade tief in den Katakomben des Krankenhauses.

Zutritt zu diesem Bereich haben nur Mitarbeiter – und Bestatter. Ich umgehe dieses Verbot meistens, indem ich Angehörige, die mit mir in den Kühlraum wollen, als meine Kollegen ausgebe oder Mitarbeitern einen Zehner zustecke, damit meine Kunden zumindest dort ein wenig Zeit mit Oma bekommen. Häufig ist der Anblick der dort liegenden Verstorbenen erschreckend: Sie liegen in ihrem Urin oder Stuhl oder hören nicht auf zu bluten, wegen der Zugänge, die gelegt wurden, und weil das Blut nicht mehr gerinnt, wenn der Tod schon länger her ist. Ich habe es sogar schon erlebt, dass verstorbene Kinder bereits Schimmel angesetzt hatten – leider wollen sich viele Bestatter die Kosten für die Kühlung sparen und lassen Verstorbene so lange wie möglich im Krankenhaus liegen. Oder sie fahren sie so früh wie möglich ins Krematorium oder auf den Friedhof.

Erstaunlicherweise nehmen die meisten Menschen den Kot, das Blut oder den Schimmel gar nicht wahr, wenn sie sich von ihren Toten verabschieden. Man muss Menschen nicht davor beschützen, ihre Verstorbenen zu sehen, sie schaffen das schon selbst sehr gut und nehmen den Zustand der vor ihnen liegenden Person sowieso ganz anders wahr. Da liegt ja schließlich Oma – und nicht bloß ein Körper, der sich noch ein letztes Mal entleert hat. In all den Jahren habe ich in diesem besonders intimen Moment noch keine einzige negative Reaktion erlebt. Natürlich fangen viele Menschen an zu weinen, irgendetwas bricht aus ihnen heraus, aber es sind vor allem Momente der Zärtlichkeit. Selbst sonst eher distanziert agierende Männer werden ganz sanft und trauen sich ihren toten Papa noch einmal zu streicheln. Haptik ist in diesen Situationen ohnehin sehr wichtig, da geht es vor allem darum, sich selbst davon überzeugen, dass der Mensch, der vor einem liegt, tatsächlich tot ist. Außerdem ist es eine sehr menschliche Handlung, sich mit seinen eigenen Händen darüber zu informieren, wie sich ein verstorbener Körper anfühlt. Manchmal sprechen die Angehörigen auch mit ihren Verstorbenen, aber das passiert seltener, als man denkt. Die Kunst des Bestatters in solchen sehr intimen Augenblicken besteht daran, sich so unauffällig wie möglich zurückzuziehen.

Dann folgt der vielleicht schwierigste, weil sensibelste Moment meiner Arbeit, und es macht keinen Unterschied, ob es in einem hässlichen Kühlraum im Keller eines Krankenhauses, in Oma Schulzes Schlafzimmer oder einem Hospiz passiert. Jetzt muss ich den Freunden, Verwandten, engen Familienmitgliedern ihren Verstorbenen wegnehmen, muss ein Laken unter den toten Körper legen, um ihn anschließend mit einem Kollegen oder einem Angehörigen in den Sarg zu heben. Zu Beginn meiner Bestatterkarriere habe ich diese Situation häufig unterschätzt und mich von den emotionalen Ausbrüchen überraschen lassen. Heute weiß ich, wie schwer es unserer Familie Schulze fällt zu akzeptieren, dass Oma jetzt tatsächlich mitgenommen wird, dass sie in einen Sarg gelegt und anschließend in einen Leichenwagen geschoben wird, mit dem ein fremder Mensch dann wegfährt. Im schlimmsten Fall bedeutet das, dass man Oma nie wiedersehen wird. Ich versuche das häufig abzufedern, indem ich die Angehörigen darüber informiere, dass sie die verstorbene Person, wann immer sie wollen, noch einmal sehen dürfen. Aber irgendwann gibt es immer einen »point of no return«, kommt wirklich der Tag, an dem der Körper ins Krematorium gebracht wird oder sich der Deckel auf dem Sarg nie wieder öffnet.

Ich kann diesen besonderen Schmerz sehr gut nachvollziehen. Ich habe schon gelitten, als ich meinen Hund für einige Tage in der Tierklinik lassen musste, wo plötzlich Menschen für ihn verantwortlich waren, die ich nicht kannte. Zu der Aufgabe von Bestattern gehört es, in solchen Situationen äußerst achtsam mit den Angehörigen umzugehen und auch für Transparenz zu sorgen. Den Schulzes beispielsweise anzubieten, mit mir zum Krematorium zu fahren. Oder mich noch ein paar Kilometer zu begleiten, wenn ich Oma aus der Kühlung im Krankenhaus oder Hospiz abgeholt habe. Es ist für Menschen wichtig, den Überblick zu behalten, was eigentlich passiert. Manchmal machen wir dann gemeinsam eine Pause, stellen die Wagen ab und rauchen eine Zigarette. Durchatmen. Und zumindest schon mal damit beginnen, das Erlebte zu verarbeiten.

Jeder reagiert anders auf den Tod. Ich selbst dachte eigentlich, dass ich mich ausreichend darauf vorbereitet hätte, die Nachricht vom Tod meines Opas zu erhalten, aber als dann der entscheidende Anruf meiner Mutter kam, hatte ich das Gefühl, als wenn mir jemand den Boden unter den Füßen weggezogen hätte. Einen Tag lang war ich nicht in der Lage, Auto zu fahren, dabei liebe ich Autofahren. Gerade bei Männern erlebe ich in diesen Momenten eine besondere Form der Machtlosigkeit. Gegen den Tod gibt es kein Werkzeug, auch das muss man erst mal begreifen. Und es dauert, bis dieses Gefühl der Ohnmacht nachlässt. Wir kennen diese Ohnmacht nicht, weil wir gelernt haben, dass es heutzutage eigentlich für jedes Problem eine Lösung gibt. Gegen den Tod gibt es keine technische Lösung, da hilft kein Geld der Welt und keine App. Diese Ohnmacht ist diametral zu dem, was uns die moderne Welt vorgaukelt. Und deshalb umso schwerer zu ertragen.

Für den Trauerprozess ist es immer von Vorteil, in den letzten Monaten, Wochen und Tagen eines geliebten Menschen so nah wie möglich an dieser Person dran gewesen zu sein – sofern man das möchte. Es ist ein sehr intimer Moment, wenn man sehr kurz vor oder sehr kurz nach dem Tod direkten Kontakt mit einem Menschen hatte, aber jeder Besuch, der zu Lebzeiten von Oma Schulze gemacht wurde, ist mehr wert als alles, was danach passiert. Ich finde es sehr wichtig, dass sich Familien oder Freundeskreise rechtzeitig über einen möglichen Abschied unterhalten, wie er aussehen soll, was zu tun ist, und wer in der Runde am besten dafür geeignet ist, selbst in Momenten größter Trauer ruhig und besonnen zu reagieren. Egal, ob man nun zu Hause, in einer Pflegeeinrichtung oder im Krankenhaus stirbt, selbst wenn das Leben ein so tragisches Ende wie bei einem Verkehrsunfall findet – wer sich die Mühe macht, sich auf den Tod vorzubereiten, macht es sich bzw. denen, die bleiben, einfacher und angenehmer. Und man hat die Möglichkeit, besondere Erinnerungen zu sammeln, etwas, wofür es nach dem Tod zu spät ist.

Viele Wünsche werden leider erst dann kommuniziert, wenn ein Mensch bereits gestorben ist. Wir sollten viel häufiger über den Tod sprechen und darüber, was mit uns passieren soll, wenn es so weit ist. Vielleicht wäre es Oma Schulze ein Bedürfnis gewesen, nach ihrem Tod noch einmal in ihr Zuhause gebracht zu werden, vielleicht wäre es für alle Schulzes wesentlich angenehmer gewesen, wenn man sich rechtzeitig über die Dienste des örtlichen Hospizes informiert hätte. Wer bald sterben muss, der spricht nicht gerne darüber. Aber die, die bleiben und trauern, sollten das auf jeden Fall tun. Denn nicht jeder hat das Glück, kurz vor dem Besuch der Oper im eigenen Badezimmer umzufallen.

Interview:
Henning Wehland über den Tod seiner Mutter

Henning Wehland, geboren am 2. Dezember 1971 in Bonn, ist Musiker. Er war Frontmann und Songschreiber der Band H-Blockx, außerdem ist er Mitglied der Söhne Mannheims, war Jurymitglied bei »The Voice Kids« und arbeitet heute als Musikmanager und Produzent. 2017 erschien sein bislang letztes Album, es trägt den schönen Titel Der Letzte an der Bar.

Henning, hast du schon mal einen Menschen verloren, der dir nahestand?

Leider nicht nur einen. Dass das Leben nicht nur ein achtzehnter Geburtstag ist, musste ich relativ früh erfahren. Am 1. Mai 1994 erfuhr ich vom Tod unseres damaligen Produzenten Chris. Wir waren mit ein paar Freunden in Münster am Aasee, tranken schon tagsüber Whiskey-Cola, ich stand am Anfang meiner Karriere und fühlte mich wahnsinnig groß. Unser erstes Album Time to Move sollte im Herbst erscheinen, wir galten als das »next big thing«. Für dieses Album gab es eine Mutter und einen Vater – ein Elternteil war jener Produzent. Und auf einmal war der weg. Ohne Ankündigung, ohne Abschiedsbrief. Ich bin mir nicht sicher, ob er sich das Leben genommen hat. Oder ob er auf andere Art gestorben ist. Ich habe unglaublich viel von ihm gelernt. Von ihm stammt der bis heute von uns befolgte Ratschlag, sämtliche Einnahmen immer zu gleichen Teilen an alle Bandmitglieder auszuzahlen. Das hat uns eine Menge Ärger erspart.

Habt ihr innerhalb der Band über diesen Todesfall gesprochen? Habt ihr das gemeinsam verarbeiten können?

Das war das Problem bei den H-Blockx: Wir hatten keine gemeinsame emotionale Basis. Auf der Bühne waren wir eine Einheit, aber mit dem Tod von Chris wussten wir nicht umzugehen. Vielleicht waren wir mit Anfang zwanzig auch zu jung dafür. Mir persönlich fehlte das Wissen, Leben und Tod voneinander zu unterscheiden bzw. zusammenzubringen.

Was würdest du heute anders machen?

Ich habe jetzt schon einige Menschen bis zu ihrem Tod begleitet und Verluste verkraften müssen. Das ist ähnlich wie mit Glücksgefühlen: Man gewöhnt sich nicht daran. Aber ich habe gelernt, damit umzugehen. Das wichtigste Erlebnis in dieser Hinsicht war für mich der Tod meiner Mutter. Als bei ihr Krebs diagnostiziert wurde, war unsere erste Reaktion in der Familie: Quatsch, die lebt für immer! Für mich waren meine Eltern unsterblich. Bei meiner Mutter war das ein relativ langer Weg, sie hatte Darmkrebs, eine Erkrankung, die der behandelnde Arzt zunächst nicht erkannte. Und trotzdem hat sie ihm nie die Schuld an ihrer Lage gegeben. Das habe ich dabei von ihr gelernt: Wenn du dich im Treibsand befindest, du sterben wirst, dann kannst du entweder dein Leid beklagen und mit dem Finger auf andere zeigen, oder du kannst überlegen, wie du die restliche Zeit noch sinnvoll nutzt. Und das hat meine Mutter in ihren letzten drei Jahren getan. Am 27. Dezember 2012 kam sie völlig erschöpft nach Hause, legte sich in ihr Bett – stand nie wieder auf. 2013 ist sie schließlich gestorben. Wichtig an der ganzen Sache war: Sie hat entschieden, wie ihre letzten Monate auszusehen hatten, und wir in der Familie gaben ihr dafür die nötige Freiheit. Was wiederum ein sehr befreiendes Gefühl war.

Was hat dich der Tod deiner Mutter gelehrt?

Unter anderem die Erkenntnis, dass der nahende Tod einer geliebten Person auch immer die Möglichkeit bietet, Dinge aus der Welt zu schaffen, die schon länger im Weg liegen. Es gibt nicht einen Menschen aus meinem engeren Freundeskreis, mit dem ich nicht schon mal ein ganzes Jahr lang Funkstille hatte. Bei meiner Mutter kam das auch mal vor. Aber ich weiß jetzt, dass ich niemanden so sehr hassen kann, dass ich vor seinem Tod nicht doch noch mit ihm reden könnte. Denn wenn ein Mensch tot ist, dann ist er weg, dann gibt es diese Gelegenheit nicht mehr. Das sollte jedem bewusst sein. Wenn jemand weg ist, dann ist alles Hypothese.

Wie war es für euch, dass deine Mutter die letzte Zeit ihres Lebens zu Hause verbrachte?

Sie lag ein Jahr im Krankenhaus und kam dann doch wieder nach Hause, wo mein Vater sie sehr liebevoll pflegte. In Verbindung mit einer finanziellen Unabhängigkeit war das ein Geschenk, das so nicht viele haben.

Sich von der eigenen Familie pflegen zu lassen, muss man aber auch erst mal zulassen.

Das stimmt. Man muss vor allem bereit sein, dass der Spieß umgedreht wird. Wenn man jahrzehntelang Mutter war, ist es eine Umstellung, plötzlich die Umsorgte zu sein. Erstaunlich finde ich bei uns auch, dass mein Vater und ich während dieser schwierigen Zeit zu richtigen Kumpels geworden sind. Vorher waren wir Vater und Sohn, jetzt sind wir auch Buddys. Auch da haben sich die Rollen neu verteilt. Das ist ein tolles Erlebnis. Sehr geholfen hat uns eine Trauerbegleiterin, mit der meine Mutter schon zu Beginn ihrer Krebserkrankung Kontakt aufgenommen hatte. Eine spirituell angehauchte Dame, die die Nicht-

Spiritualität in unserer Familie sehr gut kompensiert hat. So wie Hebammen Menschen helfen auf die Welt zu kommen, half sie meiner Mutter, sich aus dieser Welt zu verabschieden.

Wie ist sie schließlich gestorben?

Ich hatte damals recht viel als Manager zu tun und verhandelte in Berlin gerade über einen wichtigen Plattenvertrag, als mich mein Vater anrief und mir sagte, dass meine Mutter vermutlich in den nächsten Stunden sterben werde. Ich setzte mich in den Zug und fuhr umgehend nach Münster. Um drei Uhr morgens kam ich an, gegen sechs Uhr erhielt ich den Anruf meines Vaters und die Information, dass meine Mutter gestorben sei. Sie wollte alleine sterben, und das hat sie letztlich auch geschafft. Normalerweise rief meine Schwester meinen Vater jeden Tag gegen acht Uhr an, um sich nach unserer Mutter zu erkundigen, an dem Tag aber klingelte sie bereits gegen sechs Uhr bei ihm durch. Genau in der Zeit, die mein Vater draußen vor der Tür telefonierte, starb sie. Ich rede mir ein, dass sie nur darauf gewartet hatte, bis mein Vater nicht im Raum war.

Wie hast du ihren Tod aufgenommen?

Ich hatte mich schon längst von ihr verabschiedet, wir hatten alles besprochen, was es zu besprechen gab. Für mich war ihr Tod eher Erlösung, als Trauermoment. Ich bin sehr dankbar, dass ich diese gemeinsame Zeit mit ihr hatte. Ich sehe seitdem das Leben mit anderen Augen. In gewisser Weise hat mich meine Mutter auch auf meinen eigenen Tod vorbereitet. Ich weiß jetzt, dass das Leben nicht unendlich ist.

4. Kapitel

Keep Me In Your Heart

Der Schriftsteller Wolfgang Herrndorf führte in den Jahren vor seinem Tod einen Blog, in dem er über sein Leben mit Krebs berichtete. In einem Eintrag erzählt der todkranke Herrndorf davon, dass er sich eine Pistole gekauft hat, weil er sich umbringen möchte. Und fragt sich, wohin er wohl schießen müsste, um auch wirklich auf der Stelle tot zu sein. Gute Frage. So einfach ist das nämlich gar nicht. Wohin muss ich zielen? Wie viele Schlaftabletten müssten es sein? Wie viele Menschen gibt es wohl, die sich beim Versuch, sich das Leben zu nehmen, schwer verletzten oder sogar bleibende Schäden davontrugen? Zu sterben ist gar nicht so leicht. Und die Gedanken hören ja nicht auf. Möchte ich wirklich, dass Menschen meine Körperteile aufsammeln müssen, wenn ich mich vor den Zug werfe? Springe ich jemandem auf den Kopf, wenn ich mich von einem Hochhaus stürze? So viele Fragen, so viele Ängste. Eine hundertprozentige Sicherheit gibt es nicht. Herrndorf starb übrigens am 26. August 2013. Er hatte Suizid begangen.

Während der Arbeit an diesem Buch wurde ich Zeuge einer ganz besonderen Geschichte. Eine Dame im Rentenalter meldete sich bei mir. Sie sei an Krebs erkrankt, habe gerade erst die Diagnose erhalten und organisiere nun alles. Der Krebs sei überall in ihrem Körper, und sie befinde sich im Endstadium. Sehr gefasst, und mit einem ganz eigenen Humor, erklärte sie mir, wie sie sich ihre Beerdigung vorstelle, auf welchem Friedhof sie begraben werden wolle, wann sie das letzte Mal mit ihren Angehörigen essen würde. Ich versuchte, ihr Mut und Kraft für die nächsten Wochen zuzusprechen, berichtete von Krankheitsverläufen von Bekannten mit ähnlicher Diagnose, die noch deutlich länger gelebt hatten, als es ihnen die Ärzte prognostiziert hatten und so weiter. Dass dort die Chancen groß gewesen seien, sich in Ruhe von allen zu verabschieden und ein schönes Hospiz zu suchen. Bis sie mir ihren Reisepass zeigte und mit dem Finger auf das Ablaufdatum tippte: 1. April 2018. »Ich werte das als Zeichen«, sagte sie, »ich werde keinen neuen Pass beantragen.« Da endlich begriff ich. Die Dame hatte sich fest vorgenommen, freiwillig aus dieser Welt zu scheiden. Nicht der Krebs sollte sie besiegen, den letzten Schritt wollte sie selbst bestimmen.

Ich wusste zunächst nicht, wie ich damit umgehen sollte. War ich juristisch oder auch moralisch verpflichtet, ihr Vorhaben bei der Polizei anzuzeigen? Oder den Sozialpsychiatrischen Dienst zu informieren? Mir gingen viele Gedanken durch den Kopf. Wie würde ich wohl reagieren, wenn mir ein Freund so etwas erzählen würde? Es ist uns bei der Arbeit schon passiert, dass uns Menschen in ihrer Trauer mit dem Selbstmord gedroht haben. In diesem Fall haben wir eine klare Regelung. Wir teilen der Person mit: »Es ist nicht gut, dass du mich damit in die

Verantwortung ziehst, ich muss reagieren und werde deine Freundin oder deine Verwandten darüber informieren.« Ich könnte das nicht verantworten.

Bei der Dame wählte ich einen Mittelweg und sprach nicht direkt aus, was ich dachte, sondern fragte nur: »Habe ich dich richtig verstanden?« Sie sagte: »Ja, ich denke, das hast du.« Dann fragte sie, ob ich Ärzte oder andere Fachleute kennen würde, die ihr Antworten auf ihre vielen offenen Fragen geben könnten. Fachleute, die möglicherweise auch Wolfgang Herrndorf mit seiner Frage weitergeholfen hätten. Die kannte ich nicht. Ein Teil vom mir fand das schade, weil ich den Wunsch dieser tollen Frau respektierte. Ein anderer Teil von mir war irritiert. Darüber, dass diese Dame psychisch vollkommen gesund erschien und trotzdem einen Todeswunsch geäußert hatte. Und darüber, dass ich zu diesem Thema offenbar keine klare Meinung habe.

Ich habe mal die Ergebnisse einer Untersuchung gelesen, bei der erforscht werden sollte, wie sich Menschen verhalten, wenn sie erfahren, bald sterben zu müssen und den ersten Schock überwunden haben. Die, die tatsächlich so eine Nachricht erhalten hatten, gingen erstaunlich ruhig und gefasst mit der Situation um und entwickelten im Verlauf eine geradezu stoische Haltung. Nach dem Motto: Ich nehme das jetzt an. Aber in Dankbarkeit für das, was ich erleben durfte. Die, die sich das nur vorstellen sollten, reagierten passiv-aggressiv, für sie war die Vorstellung schlimm und unerträglich.

Es verändert einen also, wenn man weiß, dass man sterben muss. Daran musste ich denken, als die Dame mir von ihrem Schicksal erzählte. Ihre Frage nach möglichen Ansprechpartnern klang auf der Fahrt nach Hause noch in meinen Ohren.

In Deutschland kann man sich inzwischen für fast alles therapieren lassen, aber wenn wir uns dafür entschieden haben, unseren Tod vorzeitig und eigenständig abzuwickeln, dann stehen wir alleine auf weiter Flur. Es gibt niemanden, der all die drängenden Fragen beantwortet: Wie stellt man das überhaupt an? Gibt es rechtliche Sachen, die man beachten muss? Wie vermittelt man das seinen Kindern, seiner Familie, seinen Freunden? Wenn unser Hund krank ist und wir nichts mehr für ihn tun können, erlösen wir ihn von seinem Leid und lassen ihn einschläfern. Wir Menschen (bzw.: wir Deutschen) sind gezwungen, illegal zu handeln, wenn wir nicht leiden wollen wie ein Hund.

Es ist ein sehr schwieriges Thema. In den Niederlanden oder in der Schweiz ist eine aktive Sterbehilfe möglich, und lange Zeit dachte ich, dass das doch eine tolle Sache wäre. Wer in Holland sterben möchte, dem wird das recht leicht gemacht. Womit wir auch bei dem Problem wären, das ich heute mit der Sterbehilfe habe: Wenn es so einfach ist zu sterben, wenn man sterben will, wer filtert dann all die Menschen, die den Todeswunsch aufgrund einer psychischen Erkrankung äußern und im Falle einer Gesundung vielleicht ganz anders denken würden? Wo liegt die Grenze dazu, sterben zu dürfen? Ein Freund von mir war psychisch erkrankt und versuchte, sich das Leben zu nehmen. Was nicht klappte. Er machte eine Therapie, wurde wieder gesund und ist heute ein glücklicher Familienvater. Ich bin mir sicher, dass viele ältere Menschen auch deshalb den Freitod wählen würden, weil sie ihren Angehörigen nicht weiter zur Last fallen wollen. Wer verhindert es, dass Oma Schulze vorzeitig stirbt, nur weil sie der Meinung ist, die Familie hätte es ohne sie einfacher?

Vielleicht wäre es in der Tat ein erster Schritt in die richtige Richtung, anonyme Anlauf- bzw. Beratungsstellen zu diesem Thema einzurichten. Und wie wäre es, wenn unsere Gesellschaft so offen mit dem selbst geplanten Abschied umgehen würde, dass niemand mehr seine Familie belügen muss, sondern sich stattdessen mit ihnen an einen Tisch setzt und sagt: »Ich bin sehr krank und möchte mir das Leben nehmen, bitte unterstützt mich dabei und lasst mich nicht allein«? Stattdessen wird man in der Regel dazu gezwungen, seinen Abschied heimlich zu planen.

Die schwierigsten Fälle, die wir haben, sind jene mit einem Suizid, sind jene mit eben diesem heimlichen Abschied. Weil ich sehe, was ein heimlicher Suizid mit den Angehörigen anrichten kann. Menschen, die sich selbst Gewalt antun, um zu sterben, tun das häufig auch mit den Menschen, die sie lieben. Indirekt zwar, aber das hinterlässt meistens nicht nur offene Fragen, sondern auch Schmerzen. Gerade Kinder können den Suizid eines Elternteils nicht richtig verarbeiten. Sie können die Gründe noch viel weniger verstehen, schlimmer noch, sie werden sich mit dem Freitod in Verbindung bringen. Dann bleibt am Ende die Erkenntnis: Ich war es einfach nicht wert, dass Mama/Papa am Leben bleiben wollte. Diese Erkenntnis kann Menschen ein Leben lang verfolgen.

Suizide sind immer auch ein Akt der Kommunikation. Es sind vor allem Männer, die mit der Art ihres Todes ein besonderes Zeichen setzen wollen, sei es der Angestellte, der in den Innenhof seiner Firma springt, sei es der depressive Robert Enke, der seinen Körper vor einen Zug warf. Das sollten alle sehen und mitbekommen. Nur kann man auf diese Kommunikationsakte nicht mehr antworten. Deshalb bleiben auch so viele Fragen. Die wichtigsten lauten immer: Warum hast du mir das nicht gesagt? Hätte ich dir nicht helfen können?

Sollte es jemals eine Anlaufstelle geben, an die sich suizidale Menschen anonym wenden können, um über ihren Abschied zu sprechen, und sollte ich da arbeiten, würde ich jedem Anrufer eine wichtige Wahrheit mit auf den Weg geben: Der, der stirbt, trägt immer auch eine Verantwortung für die, die bleiben. Auch darüber sollte man sich im Klaren sein. (Übrigens unabhängig davon, ob wir uns selbst das Leben nehmen oder auf natürlichem Wege sterben.) Oder um es in einer Frage zu formulieren: Wie sterbe ich so, dass ich damit niemanden in den Abgrund reiße? Ich habe schon Fälle erlebt, in denen Menschen ihren Angehörigen ein einziges Chaos hinterließen. Was die Trauer nur noch multiplizierte.

Die von mir angesprochene Dame dient in dieser Hinsicht als Vorbild. Seit sie den Entschluss gefasst hatte, sich früher zu verabschieden, kreisten ihre Gedanken auch darum, was es jetzt noch alles vorzubereiten galt. Rechtlich und finanziell hatte sie längst alles geklärt, und wenn ich das damals richtig verstanden habe, hatte sie außerdem enge Familienmitglieder in ihre Pläne eingeweiht. Sie wollte niemandem etwas schuldig bleiben. Sie wollte ihren Abschied für die Hinterbliebenen so angenehm wie möglich machen. Doch auch sie saß irgendwann weinend vor mir, weil sie, ähnlich wie Herrndorf, keine Ahnung hatte, wie sie sich das Leben nehmen sollte.

Einen vernünftigen Umgang mit diesem Thema haben wir in Deutschland noch nicht gefunden. Auch weil viele Grundpfeiler unserer Gesellschaft weiterhin auf christlichen Traditionen fußen. Sehr lange durften Selbstmörder zum Beispiel deshalb nicht auf Friedhöfen bestattet werden. Nur Gott gibt das Leben, und nur Gott darf das Leben nehmen, das ist Teil unserer moralisch-ethischen Gedankenwelt. Dürfen wir überhaupt vorzeitig sterben? Und falls ja: Wann ist es okay, sterben zu wollen? Erstaunt habe ich in den vergangenen Jahren registriert, dass körperliche Leiden wie beispielsweise ein bösartiger Tumor viel eher als Ursache für den Todeswunsch akzeptiert werden als psychische Erkrankungen. Wenn man nicht gerade selbst die Erfahrung gemacht hat, wie furchtbar so eine Depression sein kann und dass es eben nicht bloß ein wenig Sport und nette Freunde braucht, um die Panikattacken in den Griff zu bekommen.

Die freundliche Dame starb übrigens während der Arbeit an diesem Kapitel. Zwei Tage vor Ablauf ihres Reisepasses. Laut ärztlichem Befund auf natürlichem Wege. Manchmal überholt der Tod das Leben.

Einmal kam eine Frau zu mir, um über ihre Beerdigung zu sprechen. Sie hatte bereits ein ganz festes Bild in ihrem Kopf. Eine bestimmte Summe für bestimmte Leistungen, ein Abschied, so unspektakulär wie der Kauf eines Rasenmähers. Es tat mir leid, aber ich musste ihr ein paar Fragen stellen, wohl wissend, dass sie sie irritieren würden: »Hast du deine Familie mal gefragt, ob die dich nicht noch einmal sehen wollen, bevor du verbrannt wirst? Glaubst du, dass es ihnen die Trauer erleichtert, wenn dein Abschied genau so aussehen soll?« Meistens werden die Wünsche von Sterbenden bedingungslos akzeptiert, und erst hinterher stellen die Leute fest, wie sehr sie sie belasten.

Aber vielleicht ist es den Angehörigen ja ein echtes Bedürfnis, eine Stelle zu haben, die man ab und zu besuchen kann, um sich an den verstorbenen Menschen zu erinnern. Und hilft es den eigenen Kindern nicht vielleicht sehr, wenn sie Mama noch einmal sehen und berühren dürfen, bevor ihr Körper ins Krematorium gebracht wird? Gerade Frauen stellen sich diese Frage oft aus Gründen der Eitelkeit nicht. Nur was spielt Eitelkeit für eine Rolle, wenn man tot ist? Was soll von mir bleiben, wie sieht mein Vermächtnis aus? Meine Erfahrungen zeigen mir, dass es richtig ist, solche Fragen zu stellen. Die Dame bedankte sich anschließend dafür. Es hatte ihr die Augen geöffnet. Und die Beerdigung sah schließlich doch ein wenig anders aus, als sie es zunächst geplant hatte. Zum Wohle ihrer Angehörigen hatte sie diesen Teil ihres immateriellen Vermächtnisses noch einmal überdacht.

Seinen Tod zu planen, ist gut und richtig. Aber man sollte dabei auch an die denken, die bleiben. Vor allem wenn es um die Zeit nach dem Tod geht. Markus Berges, der Sänger der von mir hoch geschätzten Band Erdmöbel erzählte mir, dass er alleine sterben will. Und zwar wirklich alleine, irgendwo in einer abgelegenen Hütte. Er will sein Ende mit sich selbst ausmachen. Er hat seinen Vater beim Sterben begleitet, der dafür nicht nur einen Anlauf brauchte. Die Familie selbst war mehrfach gerufen geworden, weil man annahm, dass es mit dem Vater zu Ende gehen werde. Aber der war bereit zu kämpfen und starb am Ende alleine. Weil er das, laut Markus, so wollte. Für Markus selbst ist der Tod wie der erste Sprung vom Dreimeterbrett. Egal, wie viele Menschen am Beckenrand stehen, den Sprung macht man ganz alleine. Da mag er recht haben. Aber man sollte nicht vergessen, dass nach dem Sprung Menschen da sind, die sich an den Verstorbenen erinnern wollen. Deshalb versuche ich bei meiner Arbeit, gemäß einem Leitspruch zu handeln: Vor dem Tod immer zugunsten des Sterbenden, nach dem Tod zugunsten der Hinterbliebenen.

Ich selbst habe meine Beerdigung bereits geplant. Nicht bis ins letzte Detail, eher wie einen Hausbau, bei dem man das Grundgerüst bereits entworfen hat und bei dem es einen nicht stört, wenn noch jemand eine andere Farbe fürs Wohnzimmer aussucht oder verglaste Türen einsetzt. Ich möchte nicht verbrannt werden. Und ich möchte auf dem Domfriedhof beerdigt werden, dort, wo Wim Wenders *Der Himmel über Berlin* gedreht hat. Ich würde mich freuen, wenn meine Freunde meinen Sarg tragen würden. Aber ob sie das dann auch machen wollen, überlasse ich ihnen. Ich habe mir auch schon eine Stelle für mein Grab ausgesucht. Sie liegt so günstig, dass sich niemand groß um sie kümmern muss und es trotzdem nicht verwahrlost aussehen wird.

Das gebe ich den Menschen mit auf den Weg, die zu uns kommen: Lasst euren Angehörigen Freiheiten, die sie brauchen werden, um euren Verlust entsprechend zu verarbeiten. Auch das ist ja eine Form des Vermächtnisses. Wie wir gelebt haben, spiegelt sich erstaunlich häufig in der Form unseres gewünschten Abschieds wider, das muss man dabei natürlich respektieren. Doch was bringt es Opa, der zu Lebzeiten immer das Alphatier in seiner Sippe war und auch für seinen Tod darauf besteht, dass alles so läuft, wie er das geregelt hat? Die Alpha-Stellung und die damit verbundenen Verantwortungen müssen doch jetzt eh andere übernehmen. Ich erinnere mich gerne an jene Familie, die zugleich Rücksicht auf die sehr konservativen Vorstellungen des Witwers nahm und trotzdem viele alternative Methoden wählte, um sich von Oma zu verabschieden. Hinter den Kulissen lief es sehr modern ab, Kinder und Enkel durften die Verstorbene noch einmal sehen, der ausgewählte Sarg war sehr schön und sehr persönlich und wurde von allen selbst zusammengebaut. Die Trauerfeier selbst hätte schließlich nicht konservativer ablaufen können. Eine in diesem Fall sehr gute Mischung.

Die fassbaren, die monetären Dinge sind häufig schon geregelt, wenn ein Mensch auf die Zielgerade einbiegt. Wer bekommt das Haus, das Auto, den Wohnwagenstellplatz, die Münzsammlung? Schwieriger wird es, wenn es Nachlässe gibt, die nicht greifbar sind, nicht materiell. Ich nenne sie gerne *weiche* Dinge. Eine schöne Art, so ein weiches Vermächtnis zu schaffen, haben zwei junge Männer gefunden, die ihren Vater von uns bestatten ließen. Er war ein erfolgreicher Architekt, immer am Arbeiten und seinen Söhnen nie so nahegekommen, wie sie es sich gewünscht hatten. Als diesem Mann und seinen Söhnen klar geworden war, dass der Tod nahte, verabredeten sie sich zu Gesprächen und ließen nebenbei ein Aufnahmegerät laufen. Und er begann, ihnen von seinem Leben zu erzählen. Wie er sich das erste Mal verliebt hatte, wie es ihm ergangen war, als er auf einmal Kinder zu versorgen hatte, wie sich seine Einstellung zum Leben verändert hatte. Solche (weichen) Dinge.

Noch nie, erzählten mir die Söhne später, als wir seine Beerdigung planten, hätten sie ihren Vater so nah und so vertraut erlebt. Da musste ich an meinen Opa denken. Als Teenager war ich in einer krassen Phase, rebellierte gegen alles und jeden und dachte, das Punk-Sein wäre die Antwort. Eines Tages stand mein Großvater vor mir und sagte mit Tränen in den Augen: »Werd doch mal wieder ein ordentlicher Junge!« Das werde ich nie vergessen. Und eigentlich hatte ich später immer von ihm wissen wollen, ob mir das gelungen war. Er lag schon im Koma, als ich ihn endlich fragte. Da war es bereits zu spät. Er wachte nicht wieder auf. Ich hatte die Chance verpasst.

Es gibt wunderbare Arten, Menschen, die einem wichtig sind, etwas Besonderes zu hinterlassen. In England produziert eine Firma in kleiner Stückzahl Schallplatten, in die die Asche eines Verstorbenen eingearbeitet ist. Ich kenne einen Mann, der leider relativ früh sterben musste und für seine noch sehr kleinen Kinder Geschichten aufnahm, die er dann für sie auf Vinyl pressen ließ. Der Schriftsteller Sebastian Fitzek hat mir erzählt, dass er bereits Kindergeschichten schreibe, die im Falle seines Todes nur seine Kinder zu lesen bekommen. Und in einigen US-amerikanischen Hospizen besteht die Möglichkeit, Videointerviews aufzunehmen, die erst nach dem Tod an ausgewählte Angehörige rausgegeben werden.

Doch nicht immer ist das, was wir unseren Angehörigen hinterlassen, so schön wie eine Schallplatte mit Papas Geschichten. Zu häufig habe ich erleben müssen, was passieren kann, wenn sich Menschen nicht rechtzeitig um ihre Angelegenheiten gekümmert haben. Wie heimliche Affären oder gar Doppelleben, von denen man erst dann erfährt, wenn jemand gestorben ist. Was macht das mit einer Frau, die auf der Beerdigung ihres Mannes feststellen muss, dass in der dritten Reihe dessen jahrelange Geliebte sitzt, von der sie bis zu diesem Zeitpunkt nichts gewusst hatte? Wenn man schon zu Lebzeiten zwei Handys hatte, um ab und an in einem anderen Bett zu übernachten, warum hat man dann nicht einen Kumpel beauftragt, dieses eine Telefon nach dem eigenen Ableben rechtzeitig zu entsorgen? Wenn man zu Lebzeiten unter allen Umständen verhindern wollte, dass der eigene Ehemann vom anderweitig ausgelebten sexuellen Fetisch erfährt, warum trifft man dann nicht Vorkehrungen, die im Falle des Todes dafür sorgen, dass er das auch dann nicht mitbekommt?

Man sollte sich gut überlegen, welche unerwünschten Vermächtnisse man seinen Leuten hinterlassen möchte. Gerade im Zeitalter der sozialen Netzwerke. Bei Facebook beispielsweise kann man eine Art Nachlassverwalter bestimmen, der dann Zugriff auf das eigene Konto hat, damit Mama nicht all die Penisfotos zu Gesicht bekommt, die man im Laufe der Jahre durch den Äther versandt hat. Ich selbst habe dafür bereits meine Schwester eingesetzt. Nicht wegen möglicher Penisbilder. Aber bei ihr weiß ich, dass sie am ehesten einschätzen kann, was virtuell von mir bleiben soll und was nicht.

Gleiches gilt auch für weniger moderne Hinterlassenschaften, die nur dann zu einem Problem werden können, wenn man sich nicht rechtzeitig darum gekümmert hat. Wie bei jenem Alt-68er-Paar, das nie geheiratet und ein wunderschönes Grundstück in Spanien hatte. Aus seinen wilden Zeiten in den Sechzigern hatte er ein Kind, und weil die Lebensgefährtin nie ins Grundbuch eingetragen wurde und auch sonst keine Vorkehrungen getroffen worden waren, ging das Grundstück an den einzigen offiziellen Erben – das Kind, nicht die Frau. Manchmal kann ich nicht verstehen, warum Menschen so wenig vorbereitet sind und in Kauf nehmen, dass geliebte Menschen unter ihrem Tod doppelt zu leiden haben. Ich habe schon viele kennengelernt, die es einfach nicht wahrhaben wollten, dass sie sterben mussten, und bis zum letzten Tag ihrer Krankheit auf ein Wunder hofften. Genauso wie Angehörige, die nichts unternahmen, um gewisse Vorbereitungen zu treffen. Sie fühle sich wie eine Verräterin, sagte mir eine Frau, die diese Vorbereitungen trotzdem traf. Damit gestehe sie sich ja ein, dass ihre Mutter sterben werde. Das zu akzeptieren, ist sehr schwierig. Es einfach zu ignorieren und die Folgen zu riskieren, kann noch schwieriger sein. Man sollte sich Gedanken darüber machen, was bleiben soll oder nicht, wenn der Tod noch keine unmittelbare Rolle spielt. Es macht so vieles einfacher. Das Abwickeln eines Lebens ist viel mehr Arbeit, als man sich vorstellen kann. Geht es dabei um ein Leben, das posthum unangenehme Überraschungen birgt, ist das Ganze noch viel schwieriger.

Jeder hat eine Verantwortung gegenüber anderen. Auch und sogar besonders nach dem eigenen Ende. Ich habe eine Sterbegeldversicherung über 10.000 Euro abgeschlossen. Ich wohne in einer Mietwohnung; wenn ich sterben sollte und meine Familie sozusagen meinen posthumen Auszug organisieren müsste, gäbe es zwar ein Sonderkündigungsrecht, aber trotzdem müsste die Miete ein Vierteljahr weiter bezahlt werden. Und so ein Umzug ist teuer. Mit den 10.000 Euro sind die Kosten für meine Beerdigung und die Abwicklung meiner Wohnung abgedeckt. Ich möchte nicht, dass mein Bestattungsunternehmen einfach dichtgemacht wird, wenn ich nicht mehr da bin. Im Falle meines vorzeitigen Todes wird meine Mutter meine Mitarbeiter kontaktieren und sie fragen, ob sie den Laden übernehmen möchten. Ich habe bereits verfügt, an wen meine Schallplattensammlung geht und wer die Fotos bekommt, die ich im Laufe der Zeit bei Facebook hochgeladen habe. Ich bin vorbereitet. Zumindest teilweise. Eine Schallplatte habe ich aber noch nicht aufgenommen.

Was wir hinterlassen (oder nicht), hat großen Einfluss auf den Trauerprozess unserer Angehörigen und darauf, wie unser Dasein wahrgenommen wird. Wir schließen Versicherungen ab, wir legen Geld für unsere Kinder an, wir sorgen dafür, dass die Wohnung abbezahlt wird. Wir wünschen uns, dass man noch in hundert Jahren weiß, wer wir mal waren und wofür wir standen.

Aber wir kümmern uns noch viel zu wenig um den Tod. Wir sind uns noch zu wenig über die Verantwortung bewusst, die nicht nur unser Leben, sondern auch unser Tod mit sich bringt. Wir ignorieren einfach die Tatsache, dass wir liebe Menschen vor schier unlösbare Probleme stellen können, während die doch eigentlich um uns trauern sollten. Und das alles, nur weil wir unseren eigenen Tod ignoriert haben. Dabei haben wir doch so viele Möglichkeiten mitzubestimmen, wie uns die Menschen in ihren Herzen tragen werden, wenn wir mal nicht mehr da sind.

5. Kapitel

London Bridge Is Down

Sehr häufig sitzen Menschen in unserem kleinen Bestattungsinstitut, bei denen ich mich frage, warum sie wohl ausgerechnet zu uns gekommen sind. Meistens frage ich in dieser Hinsicht nicht nach, es gibt schließlich wichtigere Dinge zu klären. Aber dieses eine Mal traute ich mich zu fragen. Die Antwort erstaunte mich. »Wir haben uns bei vielen, auch alternativen, Bestattungsinstituten informiert, aber niemand hat so normal über den Tod gesprochen, wie ihr das tut.« In der Tat achten wir sehr auf eine »normale«, eine empathische, aber nicht gefühlsduselige Sprache. Über den Tod zu sprechen ist eine Aufgabe für sich, wie ein anderes Beispiel zeigt.

Auf unserer Homepage stehen verschiedene Infoblätter zum Download bereit. Oft wollen Menschen sich einfach nur ein paar Informationen besorgen, scheuen aber noch den Anruf. Zum Beispiel darüber, wie Kinder in welchem Alter mit dem Tod umgehen, wie man seine Sachen richtig vererbt oder wie man eine Bestattung plant. Doch das mit Abstand am häufigsten runtergeladenen Dokument trägt den Titel: »Wie sage ich Menschen, dass jemand gestorben ist?«

Je schwieriger die Themen sind, über die wir sprechen wollen – oder müssen –, desto mehr Distanz schaffen wir mit unserer Sprache. Beim Thema Tod ist es am extremsten. Die deutsche Sprache kennt über hundertfünfzig Synonyme für den Tod. Hundertfünfzig! Es wird dahingeschieden, abgetreten, man verscheidet, wird erlöst oder entschläft friedlich. Mein Highlight in dieser Hinsicht ist jene Friedhofsmitarbeiterin, die beim Aussuchen einer Grabstelle gegenüber den Angehörigen vom »für immer Eingeschlafenen« sprach. Ich war mir ziemlich sicher, Teil irgendeiner morbiden Neuauflage der »Versteckten Kamera« zu sein, doch bei der nächsten Gelegenheit verwandte sie erneut diese gruselige Bezeichnung.

Aber die Dame ist damit ja nicht allein. Wir kennen den Sensenmann, den Exitus oder das Ende. Unsere Sprache schafft uns also viele Möglichkeiten, um den heißen Brei herumzureden. Ich finde das sehr problematisch und mache doch selbst immer wieder den Fehler. Die Unsicherheit, die sich darin offenbart, wie wir über den Tod kommunizieren, steht stellvertretend für das komplizierte Verhältnis, das wir generell zum Tod und Sterben haben. Manchmal erinnert es mich daran, wie man in der Pubertät über das Thema Sex redete. Als Teenie ist man noch nicht in der Lage, ganz offen und unbefangen über Sexualität zu sprechen. Stattdessen benutzt man eine harte, raue Sprache, all die vorhandenen Synonyme und schafft so eine größtmögliche Distanz, obwohl einem das Thema doch so nahe geht. Man will cool und vielleicht auch erfahrener wirken. Dabei muss man erst lernen, vernünftig über Sex zu sprechen. Und so ist es irgendwie auch mit dem Tod. Nur kommt man in der Regel nicht so häufig mit dem Tod in Berührung wie mit Sex. Das hoffe ich jedenfalls für jeden Leser dieses Buches. Wie sollen wir uns also ausprobieren, bis wir das richtige Maß gefunden haben? Sterben tun wir schließlich nur einmal.

Die Vorstellung zu sterben, befremdet uns. Es verschlägt uns schlicht die Sprache. Stellen Sie sich doch mal vor einen Spiegel, schauen sich fest in die Augen und sagen laut und deutlich zehnmal hintereinander:

»Ich werde sterben!«

Selbst mir wird dabei anders. Sehr anders. Kann man das wirklich fassen, wirklich begreifen, wenn man kerngesund in den Spiegel guckt? Rational ja, emotional schaffen wir es kaum. Nur sind die allermeisten von uns noch nicht mal in der Lage, offen und unbefangen über den Tod zu sprechen. Wir reden erst über den Tod, wenn er eine Rolle in unserem Leben spielt oder einen uns nahestehenden Menschen betrifft. Und dann sind es eher die Sterbenden, die definieren, wie über ihren Tod kommuniziert werden darf oder soll. Ich treffe während meiner Arbeit immer wieder auf zwei Gruppen von Sterbenden. Auf der einen Seite jene, die sich darüber im Klaren sind, dass ihr Leben bald enden wird, und die dann sehr direkt, geradezu hart über den eigenen Tod reden. Oft zum Leidwesen der Menschen um sie herum. Die andere, wahrscheinlich größere Gruppe, vermeidet das Thema, wo es nur geht, statt offen zu kommunizieren und sich einer Sprache zu bedienen, die Möglichkeiten schafft, sich vernünftig über den Tod auszutauschen. Einer Sprache, die das Absurde der Situation einfängt und dabei Raum für Traurigkeit, aber auch Klarheit schafft - für alle Betroffenen.

Einen todkranken Krebspatienten nur noch auf sein Sterben zu reduzieren, finde ich genauso falsch, wie die tödliche Krankheit einfach zu ignorieren. Weil wir niemanden verletzen wollen, richten wir uns aber in der Kommunikation oft nach den

Sterbenden. Ein Kollege erzählt immer wieder die Geschichte von jenem Ehemann, der bereits seit einigen Tagen in einem Hospiz lebte und inständig seine Krankenschwester bat: »Bitte sagen Sie es nicht meiner Frau, aber ich weiß, dass ich sterben muss!« Die Gattin dieses Mannes wiederum sagte noch am gleichen Tag zu derselben Krankenschwester: »Ich weiß, dass mein Mann sterben wird. Aber bitte sagen Sie ihm das doch nicht so direkt.« Wäre es nun Aufgabe der Schwester gewesen, die beiden Ehepartner zusammenzubringen, um sie zu motivieren, gemeinsam Tacheles zu sprechen? Das kann ich nicht beantworten. Aber ich finde es falsch, dass beide nicht offen miteinander über den Tod des Mannes gesprochen haben. So eine fehlerhafte Kommunikation hat Folgen. In diesem Fall sehr wahrscheinlich diese, dass sie ein furchtbar schlechtes Gewissen hatte, als sie ihre beste Freundin heimlich nach einem fähigen Bestatter fragte, und er, weil er nicht mal geklärt hätte, wer seine geliebte Taschenuhr erbt.

Sprache und vor allem Sprechen helfen, Barrieren zu überwinden. Nehmen wir nur das Beispiel Humor. Humor ist eine Form der Kommunikation und war schon immer dann besonders hilfreich, wenn es eigentlich nicht viel zu lachen gibt. Aber kann ich denn einfach einen Gag über die Krebserkrankung meines Kumpels raushauen, weil ich glaube, ihm damit ein wenig zu helfen? Eher nicht. Ganz bestimmt kann ich meinen Kumpel jedoch fragen: »Ey, wäre es für dich okay, wenn ich mal einen schlechten Witz über deine Krankheit mache, um den ganzen Scheiß besser zu ertragen?« Und vielleicht führt so ein Gag dazu, dass wir uns beide darüber unterhalten, ob er eigentlich eingeäschert werden möchte und wer seine Uhr erben soll. All das muss man sich trauen, und das geht nur über eine klare und direkte Sprache.

Niemand hat uns beigebracht, über den Tod zu sprechen. Es gehört nicht zum kollektiven Allgemeinwissen, Wege zu finden, über den Tod zu kommunizieren. Im Gegenteil. Unsere Gesellschaft ist voll von Negativbeispielen. Wir sprechen nicht über den Tod, wir vermeiden es, wo es nur geht. Für den Tod von Queen Elizabeth II. gibt es einen Code. Er lautet »London Bridge is down«. Wenn die Königin mal sterben sollte, ist bereits jeder weitere Schritt klar durchgeplant. Zunächst wird Edward Young, der Privatsekretär der Königin, über eine gesicherte Telefonleitung den amtierenden Premierminister über den Tod seiner Chefin informieren. Nicht etwa mit den Worten: »Sir, die Königin ist leider soeben verstorben«, sondern eben mit den Worten: »London Bridge is down«. Anschließend werden über das Außenministerium alle Regierungen der Commonwealth-Staaten informiert, danach die Presse. Die altehrwürdige *Times* hat bereits elf Sonderseiten für den Tod der Queen in den Schubladen liegen. Der Nachrichtensender Sky probt regelmäßig die Verkündung dieses Todesfalls, und auch dabei wird ein Code benutzt. Queen Elizabeth II. heißt dann »Mrs. Robinson«.

Wenn die Queen wirklich tot ist, werden sämtliche BBC-Kanäle für einen Tag auf den Nachrichtenkanal umschalten, und ein Diener wird eine schwarzumrandete Todesanzeige am Buckingham Palace anbringen. Einen Tag später wird der Thronfolger ausgerufen, am Abend tritt das Parlament zusammen, um dem Thronfolger die Treue zu schwören. Neun Tage nach dem Tod der Queen wird sie in St George beigesetzt.

Warum ich das erzähle? Ist es nicht absurd, dass in diesem Plan alles bereits bis ins kleinste Detail durchgeplant ist, aber der Tod der Königin verschlüsselt weitergegeben wird? Wie kann es sein, dass sich der Sprache bedient wird, um eine größtmögliche

Distanz zu einem Todesfall zu schaffen, von dem eh die ganze Welt erfahren wird und dessen Handhabung bereits deutlich kommuniziert wurde? Ich verstehe das einfach nicht. Ich kann nachvollziehen, dass in Ausnahmefällen für den Tod ein Code verwendet wird. Nelson Mandela soll angeblich bereits einige Tage vor seinem offiziell vermeldeten Tod gestorben sein, man hielt die Nachricht zurück, weil man Rassenunruhen befürchtete. Müsste man das bei der Queen befürchten? Eher nicht. »London Bridge is down«? So ein Quatsch. »The Queen is dead!«

Das Ganze ist nicht nur falsch, sondern auch gefährlich. Unsere Sprache schafft Realitäten. Sie kann Realitäten aber auch verwischen oder falsche Interpretationen fördern. Es macht durchaus einen Unterschied, ob es heißt: »Sie haben einen Toten gefunden. Es ist wahrscheinlich dein Vater« oder »Sie haben einen Toten gefunden. Es ist dein Vater«. Wir wollen nicht sterben und wir wollen nicht, dass ein geliebter Mensch stirbt. Also würden wir uns in diesem Fall an das Wörtchen »wahrscheinlich« klammern und uns eher einreden, dass es sich um eine Verwechslung handelt, statt die harte Realität zu akzeptieren. Wenn es um den Tod geht, brauchen wir Klarheit. Wir wollen wissen, wer gestorben ist, wo das passiert ist, wann und weshalb. Wir wollen aufgeklärt werden.

Während der Arbeit an diesem Buch war ich auf der Messe »Leben und Tod« in Bremen. Dort trafen sich verschiedene Instanzen, die sich mit dem Thema Tod befassen. Buddhisten, Organspende-Aktivisten, Bestatter, Inhaber von Trauercafés und so weiter. Menschen, die auf einer solchen Messe zusammenkommen, sollten eigentlich wissen, wie man über den Tod spricht. Leider ist das nicht der Fall. Das fängt schon bei denen an, die regelmäßig mit Toten zu tun haben bzw. Sterbefälle an

Dritte kommunizieren müssen, zum Beispiel Polizisten oder Ärzte. Ein Klassiker, den Sie in jedem zweiten Krimi zu hören bekommen, ist: »Sind Sie wirklich sicher, dass Sie den Toten noch einmal sehen wollen?« Was impliziert diese Frage? Doch vermutlich die Tatsache, dass der Verstorbene so furchtbar zugerichtet ist, dass es eine Qual wäre, ihn in diesem Zustand zu sehen. Aber nichts ist schlimmer als eine Fantasie, die durch unklare Sprache gewachsen ist. Wenn uns schon ein Profi wie ein Polizist oder Arzt so etwas sagt, wie schlimm muss es dann wohl sein, fragen wir uns. Und vielleicht bleibt diese Frage auf immer so in unserem Gedächtnis zurück.

Ich habe mich dazu entschieden, dass ich Angehörigen, sofern sie es wünschen, so neutral wie möglich darüber berichte, wie ihr Verstorbener aussieht und was es zu bedeuten hat, wenn seine Finger dunkel, seine Augen glasig werden oder der Körper von dunklen Flecken übersät ist. Wurde einem Verstorbenen bei einem Unfall der rechte Arm abgetrennt, dann hat er ihn nicht verloren oder eingebüßt, sondern er wurde abgetrennt. Menschen, die beruflich mit dem Tod zu tun haben, sollten ihre Arbeit immer reflektieren und sich genau fragen, was man eigentlich in einer Akutsituation macht – und vor allem sagt. Denn die Frage, ob man sich ganz sicher ist, den Toten wirklich noch einmal sehen zu wollen, stellen Polizisten, Ärzte – oder Bestatter – ja eigentlich aus einem ehrenwerten Grund: um zu schützen und beschützen. Aber eben leider auch, weil sie häufig keine Ahnung von Trauer und den damit zusammenhängenden Prozessen haben. Niemand wird geschützt, wenn der Zustand des verstorbenen Angehörigen nur in der eigenen Fantasie existiert. Wir Menschen sind in der Lage, den Tod - so heftig er auch manchmal sein kann - zu verstehen und in den allermeisten

Fällen auch zu verarbeiten. So banal es klingt, der Tod gehört zum Leben dazu, und jeder Mensch findet instinktiv einen Weg, damit umzugehen. Eine unklare und unsaubere Kommunikation schützt nicht, sondern verkompliziert die ohnehin schwierige Situation nur noch. Und das für alle Beteiligten.

Sprache und wie man sie richtig einsetzen kann, war auch eine wesentliche Motivation für mich, ein eigenes Bestattungsinstitut zu eröffnen. Einfach nur ein Teil der Branche zu sein, hätte mir vermutlich auf Dauer die Sprache verschlagen. Für mich beginnt die Fehlersuche innerhalb der Branche schon, wenn ich mir die diversen Internetauftritte von Bestattungsinstituten anschaue. Falls Sie noch keine Erfahrung damit gemacht haben, klicken Sie sich doch einfach mal durch ein paar dieser Seiten. Der Tod wird hier – obwohl doch eigentlich Profis am Werk sind – sowohl textlich als auch visuell aufs Schlimmste verklärt, die Besucher der Seiten werden manipuliert.

Es gibt vor allem zwei Formen von Bestattungshäusern bzw. zwei Formen der Präsentation: die, die gleich zu Beginn auf die lange Tradition ihres Hauses hinweisen (»Seit 150 Jahren für Sie da«) und die, die den Tod und damit die eigene Arbeit in salbungsvolle Worte verpacken (»Wir sorgen für eine würdige Bestattung«). Passend dazu findet man auf den Seiten Fotos im Hintergrund, auf denen meist Wälder im Herbst, sich an den Händen haltende Familien oder grüne Wiesen zu sehen sind. Sehr kitschig. Ich habe deshalb ein Problem damit, weil der Tod und die Arbeit mit dem Tod schon bei diesem Erstkontakt verbrämt und die ohnehin vorhandene Distanz nur noch vergrößert werden. Nach dem Motto: Lass das mal lieber die Profis machen. Dabei ist der Tod doch das Normalste auf der Welt. Bestattungen und Trauerarbeit sind ein Job wie jeder andere. Man wird dafür nicht auserwählt, und es macht einen Bestatter auch nicht zu einem guten Bestatter, wenn es das Bestattungshaus schon seit hundert Jahren gibt. Jemanden unter die Erde zu bringen, und zwar nach den Vorstellungen des Verstorbenen bzw. der Angehörigen, ist, wofür ich und andere Bestatter bezahlt werden und keine emotional höherwertige Berufung.

Besonders die Bestatterbranche ist voll von Begrifflichkeiten, die ich gerne umgehend entsorgen möchte. Und gleichzeitig tue ich mich selber aber auch immer wieder sehr schwer damit, stets die richtigen Worte zu finden. Nehmen wir die »Hygienische Grundversorgung«. Das findet man in jeder Rechnung eines Bestatters, und es bedeutet nichts anderes als das Waschen, Versorgen und im besten Falle Ankleiden des Verstorbenen. Klingt »Hygienische Grundversorgung« nicht viel heftiger und erweckt den Eindruck, der Verstorbene sei dreckig oder gar von ansteckenden Krankheiten befallen? Warum also diese gestelzten Worte?

Inzwischen kenne ich viele Kollegen, die statt »Angehörige« den Begriff »Zugehörige« verwenden. Dieser Begriff steht nicht mal im Duden! Er löst Befremden und Unsicherheit aus. Wer möchte sich schon eingestehen, dass er dieses Wort noch nie gehört hat? Und wer ist in einer solchen Ausnahmesituation in der Lage, einen Bestatter zu fragen, was denn damit überhaupt gemeint ist? Wie ein Arzt, der bei der Untersuchung mit Fachbegriffen um sich schmeißt, statt in klaren und einfachen Worten zu sagen, was denn nun mit dem Knie nicht richtig ist.

In unserem Institut machen wir es häufig auch nicht besser. Zum Beispiel verwenden wir die Beschreibung der »begleiteten Einfahrt ins Krematorium«. Ich bin damit nicht zufrieden, denn an den Reaktionen der Menschen, die mir gegenübersitzen, erkenne ich in der Regel, dass sie damit nicht viel anfangen können. Sie verstehen nicht, dass ich ihnen damit sagen will, dass sie mit dabei sein können, wenn der Sarg ins Feuer gefahren wird. Es ist einfach zu umständlich formuliert. Ist man nun dabei, wenn das Auto den Menschen ins Krematorium bringt? Wen oder was begleitet man?

Zwei ganz aktuelle Beispiele für die zersetzte Sprache meiner Branche sind der »Niedertemperaturraum« und die »Transformation«. Beide Begriffe werden gerne von eher esoterisch und spirituell angehauchten Berufskollegen genutzt. Was das sein soll, fragen Sie sich? Gemeint sind der Kühlraum und der Vorgang, wenn ein Körper im Krematorium verbrannt wird. Auch diese Wort-Neuerungen verhindern eine Klarheit, verwischen und beschönigen die Realität. Das braucht es nicht. Ein Kühlraum bleibt ein Kühlraum, und in einem Krematorium werden Menschen verbrannt und eingeäschert. Was bringt es den Hinterbliebenen, wenn solche Dinge verkompliziert werden? Und was vermittelt es für ein Gefühl, wenn selbst die, die direkten Kontakt zu so etwas Befremdlichem wie einem Kühlraum oder einem Krematorium haben, sich mit ihrer Sprache Distanz dazu verschaffen? Dass wir den Tod ja nicht an uns heranlassen sollten?

Es gibt noch andere Möglichkeiten, durch Sprache Distanz zum Tod zu schaffen. Zum Beispiel, ihn zu einem Extrem zu überhöhen. Ich werde häufig in Interviews gefragt, was denn die krassesten Fälle gewesen wären, die ich während meiner Tätigkeit als Bestatter gesehen und begleitet habe. Darauf gebe ich nie eine Antwort. Aus Prinzip. Was haben Menschen davon? Nur eine weitere Möglichkeit, den Tod als eine Art Abstraktion weit von sich zu schieben. Mit der im Krankenhaus oder Heim verstorbenen Oma werden die meisten von uns im Leben bestimmt zu tun bekommen, eher selten mit einem Menschen, der sich kopfüber aus dem fünften Stock in den Innenhof seiner Firma hat fallen lassen.

Distanz schaffen ist eine Sache. Den Tod zu verklären eine andere. Kürzlich arbeitete ich an einem Verstorbenen, als eine Kollegin aus einem anderen Bestattungshaus zu Besuch kam, von der ich eigentlich gedacht hatte, dass sie eine ähnliche Herangehensweise bei der Arbeit vertritt wie ich. Sie stellte die Frage, ob die Seele des Verstorbenen noch da oder bereits gegangen sei. Erst dachte ich an einen Scherz und musste schmunzeln, nur um dann festzustellen, dass sie das völlig ernst meinte. Was für einen Eindruck vermittelt es Menschen, die sich in ihrem Alltag normalerweise nicht mit dem Tod beschäftigen, wenn ein Profi so etwas fragt? Dass es so etwas wie eine Seele tatsächlich gibt? Wenn ich nun aber als Angehöriger eigentlich nicht an so etwas wie eine Seele glaube, diese kompetente Bestatterin aber davon spricht, als sei es das Normalste auf der Welt, muss ich dann nicht meine Einstellung hinterfragen? Habe ich keine Ahnung? Trauere ich vielleicht sogar falsch? Sprache kann Realitäten verschieben. Mich hat der Auftritt der Kollegin jedenfalls sehr erschreckt.

Sprache kann sich auch schnell überflüssig machen. Nämlich dann, wenn sie nicht verstanden wird. In jeder Kleinstadt gibt es inzwischen eigens eingerichtete Trauercafés oder Trauergruppen, die Menschen die Möglichkeit bieten, mit anderen Betroffenen über ihren Verlust zu kommunizieren. Das finde ich erst mal ganz wunderbar. Wer auch ein oder zwei Jahre nach dem Tod seiner Mutter eine große Trauer verspürt und gerne darüber sprechen möchte, bekommt häufig den Eindruck, anderen mit seiner Trauer auf die Nerven zu gehen. Ob das nun der Fall ist oder nicht, unter Gleichgesinnten lassen sich solche Gefühle meist besser zum Ausdruck bringen.

Ich habe kein Problem mit den existierenden Trauercafés. Aber sie sprechen in den allermeisten Fällen eine Klientel an, die sich deutlich von jener unterscheidet, mit der ich tagtäglich zu tun habe. Wer bereits die fünfzig überschritten hat und zum Thema Tod und Verlust eher eine spirituelle Verbindung verspürt, wird sich in vielen dieser Cafés und Gruppen gut aufgehoben fühlen, wenn sich bei Kaffee und Kuchen durch die Trauer hindurchgearbeitet wird, während an den Fensterscheiben die selbst gemalten Engel zuschauen. Was aber ist mit meiner Generation zwischen zwanzig und vierzig? Entspricht dieser Umgang mit der Trauer unserer Vorstellung von einem aufgeklärten Sich-Auseinandersetzen? Ich möchte diese Angebote nicht beleidigen, aber wenn ich in diesem Kontext mit der dort verwendeten Sprache und Ästhetik meine Trauer verarbeiten müsste, würden sich mir die Fußnägel aufrollen.

In Berlin hat sich 2017 die School of Death gegründet, deren Gründerin Janna Nandzik von der *Zeit* mit den Worten zitiert wurde: »Das ist intensiver als ein Stuhlkreis. Es soll auch ein bisschen Rock'n'Roll und Charme haben, sodass es zu einer Lebensrealität passt, in der ich mich bewege.« Die School of Death soll Menschen, die sich mit dem Tod und/oder Sterben beschäftigen wollen bzw. müssen, neue, andere, alternative Wege ebnen, mit dieser besonderen Situation fertigzuwerden. Das ist schon eher was für mich. Meine Generation, so ist mein Eindruck, braucht den Tod nicht auf ein esoterisches Level zu heben, um sich damit von ihm zu distanzieren. Wir können mit klarer und nüchterner Kommunikation besser umgehen, als uns von einer Trauerblase einlullen zu lassen.

Auf der erwähnten »Leben und Tod«-Messe in Bremen hielt ich einen Vortrag, bei dem ich auf viele der in diesem Kapitel genannten Punkte einging. Der Vortrag kam nicht wirklich gut an. Die Trauer- und Tod-Branche versteht nicht, dass sie mit ihren weltfremden Vorstellungen vom Tod keine Angebote schafft, sondern Verwirrung und Distanz fördert. Wenn man bei einem so sensiblen Thema wie dem Tod die Sprache für verschiedene Zwecke missbraucht, statt Klartext zu reden, verhindert man damit eher erfolgreiche Trauerprozesse, als das man sie unterstützt. Jeder Mensch trauert anders, für so etwas Subjektives kann es nur Hilfestellungen geben, keine vorgefertigten Antworten. Wir sprechen hier über die natürlichste Sache der Welt. In der Regel sind wir durchaus in der Lage, den Tod zu akzeptieren und sehr individuelle Wege zu finden, um mit unserer Trauer klarzukommen. Der eine braucht jetzt vielleicht mal ein paar Abende mehr in der Kneipe oder mit einer Flasche Rotwein und guten Freunden auf dem Balkon, der andere stürzt sich in die Organisation, und bestimmt gibt es auch Menschen, die sich nach einem Besuch im Trauercafé besser fühlen. Trauer bedeutet auch, dass wir uns auf eine neue Situation einstellen müssen, und dafür brauchen wir eine Art der Kommunikation, die uns dabei unterstützt, statt uns zu verunsichern.

Der französische Gott der Soziologie, Pierre Bourdieu, hat festgestellt, wie die Sprache missbraucht werden kann, um falsche Realitäten zu schaffen. Wie der Lehrer, der einem einzureden versucht, dass man keine Ahnung von Literatur hat, wenn man Goethe nicht versteht, obwohl man doch eigentlich eine hohe Affinität zur Sprache hat und sich eben nur nicht für diesen Goethe erwärmen kann. Ähnlich ist es aktuell bei Trauernden. Häufig gibt die Sprache der vermeintlichen Experten vor, wie wir zu trauern haben. Was auch bedeutet: Wer von diesem vorgeschriebenen Weg abweicht, der trauert falsch. Und da wird es schwierig.

Ich tendiere dazu, eine klare, aber nicht zu harte Sprache zu wählen. Klarheit bedeutet hier auch: Klare Fragen stellen, klare Antworten geben. Natürlich niemals respektlos, sondern mit dem nötigen Feingefühl. Und gleichzeitig empfinde ich Deutlichkeit in der Kommunikation beim Thema Tod als Ausdruck des gegenseitigen Respekts in seiner höchsten Form. Auch oder gerade gegenüber sterbenden Menschen. Wenn mein Freund vor mir liegt und Krebs im Endstadium hat, dann wird er sterben. Und nicht einfach einschlafen oder verscheiden. Nein, er wird sterben! Manchmal zucken Menschen zusammen, wenn sie mich so deutlich über den Tod sprechen hören, aber meistens hilft es ihnen und allen um sie herum. Es bringt Gewissheit. Außerdem muss man klare Ansagen ja nicht lieblos vermitteln.

Ich habe lange gebraucht, bis ich so weit war, so über den Tod zu sprechen, wie ich es heute tue. Das erfordert einfach ein gewisses Training. Wie in vielen anderen Bereichen kann man es lernen, auch in diesem Fall mit seinen Bedürfnissen umzugehen, sie zu verstehen – und darüber zu reden. Vielleicht ist es ja der kleine Ossi in mir, der fest davon überzeugt ist, dass es nicht zuletzt eine Frage der Erziehung ist, wie wir mit Verlusten und dem Tod umgehen. Vor einiger Zeit bekamen wir Besuch von einer Kindergärtnerin und ihrer Gruppe. Da war ein kleiner Junge, dessen Bruder verstorben war. Die Kindergärtnerin suchte nach einem Weg, das Thema mit ihren Schützlingen anzugehen. Zusammen schauten sie sich das tolle Theaterstück *Die besten Beerdigungen der Welt* an, sammelten gemeinsam Fragen und kamen damit zu uns. Parallel dazu hatte ich eine befreundete Pastorin eingeladen. Ich zeigte den Kindern unser Sargmodell und unsere Urnen, erzählte ihnen von Beerdigungen und davon, was man alles so machen kann, wenn ein Mensch gestorben ist. Es war ein schönes Erlebnis, die Kinder ganz unbefangen in den Sarg schauen zu sehen und wie sie die Pastorin und mich mit ihren Fragen löcherten.

Ein Dreivierteljahr später verstarb der Opa eines der Kinder aus dieser Gruppe, die Eltern ließen sich von uns betreuen. Und Sie können sich vorstellen, wie stolz ich war, als dieser Sechsjährige vor mir saß und ganz genau wusste, dass man Opas Sarg auch noch anmalen darf, was mit Opa passiert, wenn er auf den Friedhof kommt und dass es völlig okay ist, wenn er sich noch einmal von Opa verabschieden möchte. Die Bildungseinrichtung Kindergarten hatte die Aufgabe übernommen, diesem Kind die nötige Kulturtechnik zu vermitteln, damit es zumindest vorbereitet war, als Opa schließlich starb.

Regelmäßig werde ich in Schulen eingeladen, um eben jene Aufgabe zu übernehmen bzw. dabei mitzuhelfen, ein Fundament für das Wissen über Tod und Verlust und Abschiednehmen zu schaffen. Wir verknüpften das einmal mit *Antigone* von Sophokles. Jeder weiß, wie nervig es war, den Stoff in der Schule durchzukauen. Aber wenn man mit Jugendlichen über die genannten Themen spricht, ist die Geschichte vom bösen König Kreon, der das Trauern und Beerdigen verbieten möchte, was dazu führt, dass sich gleich mehrere Menschen umbringen, noch gut 2500 Jahre nach der Uraufführung hochaktuell. Ich arbeitete zusammen mit einer elften Klasse. Nachdem wir über *Antigone* gesprochen hatten, sollten die Jugendlichen Regeln und Verbote nennen, die ihnen zum Thema Tod und Beerdigung einfielen, und ich schrieb sie an die Tafel. Zum Beispiel: »Auf Beerdigungen muss man Schwarz tragen« oder »Leichen sind giftig«.

Erstaunlich, wie viele Schranken in den Köpfen dieser jungen Menschen bereits errichtet waren, das Ganze aufgrund von Nichtwissen und Nicht-Behandlung besagter Themen. Unser kulturell verankertes Wissen über den Tod ist erstaunlich gering. Weil wir so wenig darüber sprechen. Tun wir es aber, sind die Lernfortschritte vermutlich so schnell erkennbar wie in dieser und in anderen Klassen, die ich bislang kennenlernen durfte. Ich stelle gerne die Frage: »Wie spreche ich mit jemanden, der gerade einen Verlust erlitten hat?« Häufig kennen die Schüler darauf keine Antwort. Wenn ich dann aber frage, »wie verhalte ich mich, wenn eine Freundin oder ein Freund Liebeskummer hat?«, wissen sie – vorrangig die Mädchen –, was zu tun ist. Ab an den See, alles in Ruhe durchdiskutieren oder einfach mal in den Arm nehmen.

Wo ist da der Unterschied zu einem angemessenen Verhalten mit der Freundin, die gerade ihre Oma verloren hat? Wir tragen alle die Kompetenz in uns, Verluste zu verarbeiten oder anderen dabei zu helfen. Wir sollten nur lernen, auch darüber zu sprechen.

Interview:
Madeleine Wehle über sprachlose Trauer

Madeleine Wehle, geboren am 6. Januar 1968, arbeitet als Fernseh-moderatorin. Im November 2001 überlebte sie einen schweren Auto-unfall auf der Autobahn, ihr Ehemann Thomas kam dabei ums Leben. Seit 2006 ist sie wieder verheiratet.

Madeleine, 2001 warst du mit deinem Mann Thomas im Auto unter-wegs. Bei einem Unfall kam er ums Leben, du hast überlebt. Erin-nerst du dich daran, wie du deinem Sohn diese Nachricht überbracht hast?
Es war nicht sein leiblicher Vater, aber die beiden hatten ein sehr enges Verhältnis. Und nun musste ich in das Kinderzimmer dieses Heran-wachsenden gehen und ihm mitteilen, dass dieser Mann gestorben war. Ich war ja dabei gewesen, hatte miterleben müssen, wie er starb. Ich konnte und wollte ihm das nicht bis ins kleinste Detail erzählen.

Was also hast du ihm gesagt?
Ich sagte: »Papa kommt nicht mehr wieder. Papa ist tot.«

Wie hat er darauf reagiert?
Er fing an zu weinen. Das alles war in mehrfacher Hinsicht so schlimm für ihn. Ich versuchte, mich in ihn hineinzuversetzen, versuchte zu ver-stehen, wie ein Junge in seinem Alter so eine Nachricht aufnimmt. Aber das konnte ich nicht. Ich habe mich noch nie so hilflos gefühlt. In der Zeit danach spürte ich, dass er mich bei diesem Thema nicht rich-tig an sich ranlassen wollte, dass er darüber noch nicht mit mir sprechen wollte. Mir war klar, dass ihn der Tod von Thomas völlig

überrollte. Niemand sagt einem in solchen Momenten, wie man sich zu verhalten hat.

Welche Erinnerungen hast du an den Unfall?

Unser Auto überschlug sich mehrfach, und als es endlich zum Stillstand kam, lagen wir auf dem Dach. Es war so still. Mir war bis auf ein paar Prellungen nichts passiert, von ihm hörte ich kein Lebenszeichen. Ich realisierte, dass wir auf unseren Sitzen in den Gurten hingen. Ich dachte: Du hast überlebt – aber du wirst hier drin sterben. Dann knallte noch ein Wagen in uns rein, wir lagen ja halb auf der Autobahn und alles war dunkel. Der Wagen drehte sich mehrfach, und wieder war da diese Stille. Ich spürte etwas Warmes an meinem Gesicht. Erst dachte ich, ich würde bluten. Dann stellte ich fest, dass es das Blut von Thomas war. Ich konnte nichts sehen, ich wusste nicht, wie ich aus diesem Auto rauskommen sollte. Ich hatte fürchterliche Angst. Irgendwie schaffte ich es, mich aus dem Gurt zu befreien und aus dem Fenster zu klettern. Vor lauter Panik rannte ich einfach davon, die Böschung hoch, nur weg.

Wie ging es weiter?

Den eigentlichen Schock bekam ich, als ich in einem Krankenwagen saß, versorgt wurde, die Tür aufging, ein Arzt seinen Kopf hineinsteckte und fragte: »Sind sie die Frau vom Fahrer?« Ich antwortete: »Ja.« Daraufhin er nur: »Der ist tot.« Tür zu. Auf so eine Art so etwas Schreckliches zu erfahren, haute mich völlig aus den Socken. Danach bekam ich eine Beruhigungsspritze verpasst. Die erste von vielen schlechten Erfahrungen in dieser Hinsicht. Ich hatte kurz nach dem Unfall zunächst durch die Bank nur Kontakt mit Männern, und ich möchte nicht verallgemeinern, aber fast alle haben in der Kommunikation mit mir versagt. Inklusive des Seelsorgers, der an meinem Bett saß, auch der konnte sich nicht vernünftig mit mir unterhalten. Ich dachte nur: Bitte geh wieder weg. Als mich ein Pfleger in den Waschraum führte, um mir die restlichen Blutspritzer aus dem Gesicht zu wischen, war das die erste halbwegs menschliche Interaktion. Erst am nächsten Tag war eine Krankenschwester bei mir, und sie war schließlich in der Lage, mich einfach wortlos zu umarmen. Da hatte ich das erste Mal das Gefühl, dass ich kein Alien bin, sondern ein verletzter Mensch, der sehr leidet. Ich frage mich bis heute, warum die Ersthelfer nicht in der Lage waren, menschliche Gesten zu zeigen.

Aus heutiger Sicht: Wer oder was hätte dir damals am meisten geholfen?

Eine Frau. Frauen haben meistens kein Problem damit, diese körperliche Hürde zu nehmen und jemanden einfach mal in den Arm zu nehmen. Wonach ich mich sehnte, war ein mütterliches Wesen – also eine Frau. Ich erinnere mich noch an den Arzt, der mich im Krankenhaus in Empfang nahm. Er schaffte es nicht, mir Blut abzunehmen, ich war völlig kalt. Also brachte er mir eine Schüssel mit warmen Wasser, damit sich die Gefäße weiteten. Er war einfach nicht in der Lage, mich zu umarmen.

Wie hast du deinen Freunden und Angehörigen mitgeteilt, dass dein Mann gestorben ist?

In meiner Verzweiflung telefonierte ich mein komplettes Telefonbuch durch, einen Bekannten nach dem anderen. Und brachte mich damit in eine völlig irre Zeitschleife: Jedes Mal aufs Neue übermittelte ich diese schreckliche Nachricht, jedes Mal aufs Neue wurde ich Zeuge, wie Menschen am Telefon zusammenbrachen. Was die Kommunikation nach Thomas' Tod angeht, habe ich eh schlechte Erfahrungen gemacht. Ein Satz, für den ich den Absender am liebsten jedes Mal hätte schlagen können, der aber immer wieder kam, war: »Komm, das Leben geht weiter.« Das hat mir immer gezeigt, dass sich Menschen nicht wirklich mit diesem Thema auseinandersetzen, dass sie das nur weit weg von sich schieben wollten. Nach dem Motto: Komm, jetzt lass mich in Ruhe mit deiner Trauer. Das war sehr schwer.

Mit wem hast du offen über deine Trauer sprechen können?

Ich habe einen engen Kreis von Freundinnen, in dem jede ihre eigene Vorgeschichte mit dem Thema Tod hat. Diese Frauen hatten schon mal einen Verlust ertragen müssen und bewegten sich auf diesem Parkett recht sicher. Wie oft habe ich damals eine Freundin noch nachts um drei Uhr angerufen und sie vollgeheult. Und sie sagte am Ende unseres Telefonats nur: »Gerne morgen wieder.« Ich habe festgestellt, dass häufig schon ganz profane Dinge in einer solchen Situation helfen können. Wie die junge Kollegin, die ich während meiner Trauer gar nicht so auf dem Zettel hatte, die aber eines Tages vor meiner Tür stand und sagte: »Schreib mir auf, was du im Supermarkt brauchst, ich geh einkaufen.« Die hat bis heute so einen dicken Stein bei mir im Brett. Andere Freunde, mit denen ich eigentlich gerechnet hatte, waren Totalausfälle in dieser Hinsicht.

Wie verlief deine Trauer in der Folgezeit?

Ich finde, dass dieses erste Jahr nach dem Unfall fast noch erträglicher war als die Zeit danach. Am Anfang ist man so viel mit organisatorischen Dingen beschäftigt, kann seine eigenen Bedürfnisse gut hinten anstellen. Aber als dann alles geregelt war, ich nichts mehr planen musste, spürte ich, wie fragil ich eigentlich war. Wenn man sich öffnet, lässt man äußere Einflüsse zwar wieder mehr zu, wird dadurch aber auch angreifbarer. Dieses emotionale Schwarz legt man ja nicht einfach ab. Ich merkte damals, wie einsam ich eigentlich war. Auch Jahre nach

so einem Todesfall wünscht man sich, dass Freunde oder Familienmitglieder einen fragen, wie es denn eigentlich so geht. Wie viel Schmerz
und Trauer noch in einem ist. Ob man reden will. Es ist unglaublich
schwierig, halbwegs unbeschadet durch so eine Phase zu kommen.

Hast du psychologische Betreuung in Anspruch genommen?
Damals war das Angebot noch nicht so prall wie heute. Und als ich dann
einen geeigneten Therapeuten gefunden hatte, hieß es: In sechs Monaten haben wir einen Termin frei. Aber ich litt doch zu diesem Zeitpunkt
und suchte akut Hilfe. Als ich dann doch einen Termin bekam, passte es
einfach nicht. Es kam mir vor, als würden wir verschiedene Sprachen
sprechen. Das soll nicht heißen, dass ich gegen therapeutische Hilfe bin,
im Gegenteil. Vielleicht war ich auch einfach zu ungeduldig.

**Viele Überlebende von Unfällen mit Todesfolge werden später häu-
fig mit Vorwürfen konfrontiert. Wie war es bei dir?**
Die Eltern von Thomas machten mir schlimme Vorwürfe, weil wir auf
dem Weg zu einem beruflichen Termin von mir waren, als der Unfall
passierte. Und sein Bruder fragte mich in einem verzweifelten Moment:
»Warum bist nicht du krepiert?« Auch damit muss man irgendwie klar-
kommen.

6. Kapitel

Behind Blue Eyes

Ich verdiene mein Geld damit, dass Menschen sterben. Ich lebe davon, dass Angehörige mich bezahlen, weil ich ihnen ihren Abschied und die Beerdigung von einem meist geliebten Menschen organisiere. Was ich dafür tue, kann auch jeder andere Mensch. Zumindest rein technisch. Ich baue weder Atomraketen, noch habe ich irgendeinen Schimmer von höherer Mathematik. Und trotzdem (oder gerade deshalb?) setzt die Branche, in der ich arbeite, im Jahr über fünfzehn Milliarden Euro um. Tendenz steigend, weil die geburtenstarken Jahrgänge nach dem Krieg gerade in ein für Bestatter günstiges Alter kommen.

In meinem beruflichen Alltag habe ich in der Regel mit Menschen zu tun, die sich häufiger ein Auto kaufen, als dass sie zu einem Bestatter gehen. Dementsprechend gering ist ihr Wissen. Und Wissen ist - auch wenn es um den Tod geht - Macht. Jeden Tag sitzen Menschen vor mir, die mir vertrauen müssen. Die mir glauben müssen, dass ich sorgsam mit ihren Verstorbenen umgehe, dass ich ihrem Angehörigen die Kleidung anziehe, die sie mir gegeben haben. Dass ich hinter den Kulissen auch das umsetze, was ich während des Gesprächs am Beratungstisch angekündigt habe. Das ist viel verlangt, wie ich finde. Ich arbeite in einem Gewerbe, mit dem kaum jemand freiwillig etwas zu tun haben möchte. Wenn nicht gerade jemand stirbt, schaut man eher selten beim Bestatter vorbei, um mal einen Kaffee zu trinken. Dabei haben wir ziemlich guten Kaffee.

Wenn es um den Tod geht, sind Glaube, Spiritualität und Aberglaube Teil der kollektiven Gedankenwelt. Und damit lässt sich für den durchschnittlichen Bestatter vorzüglich Geld verdienen. Bestattungen sind teuer. Selbst für eine simple Beerdigung berechnen Bestatter zwischen 2000 und 3000 Euro für Dienstleistungen und Materialien. Für eine schöne Stelle auf dem Friedhof zahlt man gut und gerne noch mal 2000 Euro. Plus etwa 3000 Euro für Grabstein und Leichenschmaus. 8000 Euro für eine Beerdigung, die im Vergleich noch nicht mal teuer ist. Da ist noch keine Wohnung aufgelöst, sind die letzten Rechnungen des Verstorbenen noch nicht bezahlt. Und dann verlangt die Zeitung noch je nach Auflage und Größe eine beachtliche Summe für eine Todesanzeige. Am Ende hat das ganze Abschiedspaket den Preis eines neuen Kleinwagens.

Die Kosten sind im Einzelnen nachvollziehbar, ein Sarg kostet Geld, der Steinmetz arbeitet nicht umsonst, ein großes Blumenbouquet entsteht nicht in zwanzig Minuten, und natürlich müssen auch die Angestellten im jeweiligen Bestattungsinstitut bezahlt werden. Ich kalkuliere bei uns wie für einen anständigen Handwerksbetrieb. Für einen guten Automechaniker muss man zwischen siebzig und hundert Euro pro Stunde berechnen, ähnlich ist es auch bei uns. Eine gute, eine angemessene Bezahlung für einen verantwortungsvollen Job. Wir müssen Tag und Nacht erreichbar sein, wer wartet schon bis neun Uhr am nächsten Morgen, wenn Oma in der Nacht gestorben ist? Außerdem geht der Beruf mit einer hohen emotionalen Belastung einher, gerade dann, wenn man den Kontakt zu den Angehörigen ernst nimmt. Viel gelacht wird in unserem Job nicht.

Das sind Fragen, die ich mir in dieser Branche immer wieder stelle: Wie viel ist die jeweilige Dienstleistung wert? Wie viel ist der jeweilige Bestatter wert? Wann hört ehrliche Entlohnung auf, wann fängt Abzocke an? Und warum gibt es in dieser Branche so wenig vernünftige Preismodelle?

Mit Särgen verdienen Bestatter das meiste Geld. Weshalb die meisten früher als Tischler anfingen. Heute können nur noch die allerwenigsten Bestatter einen Sarg selbst bauen. Statt also Modelle zu entwickeln, bei denen Bestatter vorrangig nach Kompetenz und Arbeitszeit bezahlt werden, wirft die Branche lieber immer neue Produkte auf den Markt, die den Abstand zwischen Angehörigen und Trauer nur noch vergrößern. »Der Weg ins Jenseits wird bunter«, vermeldete kürzlich RTL. In einem Beitrag wurden neue – alternative – Sargmodelle vorgestellt. Aber was macht es für einen Unterschied, ob Opa in einem schweren Eichensarg oder einem bunten Sarg aus preiswerterem Material begraben wird? Die Branche rühmt sich, mehr Angebote geschaffen zu haben. Aber das bedeutet aktuell lediglich, dass man beim Kauf einer Urne aus vierzig statt aus zwanzig verschiedenen Modellen auswählen kann.

Vor Kurzem war ich als Gastredner auf einer Fachmesse eingeladen. Ich kam auf das Thema sinnhafte Produkte zu sprechen. Ich erzählte von Angehörigen, die sich wünschen, etwas vom Verstorbenen behalten zu können. Ein bisschen Asche, eine Strähne vom Haar. Ich kann diese Wünsche verstehen, redete mich aber doch ein bisschen in Rage und begann, mich zu echauffieren über Diamanten, in denen die Asche von Hinterbliebenen sozusagen aufbewahrt werden kann. Ich freue mich für jeden, dem so etwas in seiner Trauer hilft. Aber eben jene Diamanten sind mein Lieblingsbeispiel für Schwachsinn und unnötige Kosten in meiner Branche. Für die Herstellung eines Diamanten braucht es amorphen Kohlenstoff. Bei der Verbrennung eines Körpers im Krematorium wird aber mit Temperaturen gearbeitet, die keinen amorphen Kohlenstoff mehr übrig lassen. Das heißt, in dem, was von uns übrig bleibt, ist schlichtweg kein Kohlenstoff mehr, der für die Züchtung eines künstlichen Diamanten von Nutzen sein könnte. Die Anbieter von sogenannten Diamantbestattungen setzen extrem aufwendige und teure Verfahren mit anderen Temperaturen und mit Zusatzstoffen ein, bei denen es umstritten ist und fraglich bleibt, wie viel am Ende von dem Verstorbenen wirklich im Diamant enthalten ist.

Eine andere Variante ist die Edelsteinbestattung, bei der die Asche für einen gewissen Zeitraum gemeinsam mit einem Edelstein gelagert wird, um »energetisiert« zu werden. Nun ja. Jeder soll sein Geld für Diamanten ausgeben, wenn ihm das hilft; von mir aus auch für solche, die sich mal eben neben den Resten des verstorbenen Liebsten energetisiert haben. Aber es sollte eben jeder auch Bescheid wissen, was Humbug ist, und was nicht.

Inzwischen gibt es außerdem Bestattungen, bei denen die Asche der Verstorbenen von jungen Bäumen »aufgesaugt« werden soll. In aufwendig produzierten Werbevideos wird dargestellt, wie die Überreste so zurück in den ewigen Kreislauf des Lebens wandern, der Mensch ist tot, aber der Baum blüht. Auch dabei sollte man sich genau anschauen, worum es eigentlich geht. Weil in Deutschland bekanntlich Bestattungspflicht gilt, wird die Asche in einer Baumschule im Ausland mit einer stinknormalen Substratmischung vermengt und der daraus gewachsene Baum nach einem halben Jahr an die Angehörigen übergeben. Damit Oma in den kommenden Jahrzehnten Schatten im Garten spendet. Weil wir als moderne Bestatter wahrgenommen werden, erhalten wir regelmäßig Anfragen, ob wir nicht auch diese Bestattungsform anbieten. So ein Baum kostet um die 1400 Euro, natürlich bekommt der Bestatter davon einen Anteil ab – hinten rum.

Ich habe lange mit den Anbietern dieser Bestattungsform gesprochen und am Ende rausgefunden, dass die Bäume rein gar nichts mit den Überresten eines Verstorbenen zu tun haben. Die einzige Dienstleistung dieser Anbieter (neben dem Einpflanzen und Gießen) besteht darin, dass der ph-Wert des jeweiligen Stückes Erde gemessen wird, der sich durch die Asche verändert. Sobald der ph-Wert wieder normal ist, geht man davon aus, dass die Asche aufgenommen wurde. Aber ob das bedeutet, dass Omas Spirit in der Baumkrone zu finden ist, wage ich zu bezweifeln. Ich jedenfalls würde dafür nicht 1400 Euro bezahlen. In jeder normalen Baumschule bekommt man eine Eiche für unter zehn Euro. Ich finde die Idee, sich auf irgendeine Art ein Stück von Oma zu erhalten, wunderbar. Aber Menschen in ihrer Trauer irgendeinen teuren Quatsch unterzujubeln, ist falsch.

Es ist Teil meines Jobs, Wünsche von Menschen zu verstehen, sie bestmöglich umzusetzen und sie im Zweifel auch davor zu schützen, irgendwelchen Scharlatanen auf den Leim zu gehen. Was das anbelangt, ist die Branche sehr kreativ. Särge aus Bananenblättern, als »Bio-Sarg« deklariert, die aber mit einem Containerschiff quer durch die Welt transportiert werden und nebenbei die Arktis eisfrei machen. Oder einfache Anhänger mit Fingerabdruck, die es überall im Netz für 60 Euro gibt, die beim Bestatter aber auf einmal 300 Euro kosten. Bei uns kann man durchsichtige Anhänger aus Chirurgenstahl für 15 Euro kaufen, wenn man eine Locke oder ein wenig Asche mit sich rumtragen möchte. Wie teuer müssen Produkte sein, die uns bei der Trauer helfen? Kann man sich eine schöne Beerdigung kaufen?

Nicht nur einmal hatte ich Familien vor mir sitzen, die erwarteten, dass wir ihnen die schönste und liebevollste Trauerfeier der Welt auf die Beine stellten. Oft hatten Mitglieder dieser Familien schon einmal eine der von uns organisierten Trauerfeiern besucht und waren überrascht, wie liebevoll und persönlich so etwas auch sein kann. Diese Familien muss ich meistens enttäuschen. Wir können Räume geben, Flächen schaffen, aber nicht zaubern. Wir haben keinen Einfluss darauf, ob eine Trauergesellschaft liebevoll miteinander umgeht. Wir wählen unsere Produkte so aus, dass sie sich nicht in den Vordergrund drängen und eher Mittel zum Zweck sind. Bei Feuerbestattungen arbeiten wir zu achtzig Prozent mit einer schlichten Holzurne, deren Oberfläche von den Angehörigen selbst gestaltet werden kann (aber nicht muss). Das gilt auch für unsere Särge. Und wir können die wortgewaltigsten Reden schreiben, keine von denen würde jemals an ein paar persönliche Zeilen von einem engen Freund oder Angehörigen des Verstorbenen heranreichen. Meine Oma weiß nicht mehr, welche Blumen auf der Beerdigung ihres Mannes standen, aber sie kann sich noch sehr gut an meine Abschiedsrede erinnern, bei der ich geheult habe wie ein Schlosshund.

Ich kann keine allgemeine Antwort darauf geben, wie man sich richtig verabschiedet, wenn ein Mensch gestorben ist, oder wie man sich selbst helfen kann, um diesen Verlust zu bearbeiten. Ich weiß nur, was nicht hilft. Teure Bestattungsformen oder Devotionalien sind vielleicht gut gegen das schlechte Gewissen, ganz sicher helfen sie nicht bei der Trauerverarbeitung. Im schlimmsten Fall bewirken sie sogar das Gegenteil, nämlich dann, wenn man erkennt, auf welche Abzocke man reingefallen ist.

Die eigentlichen Verbrechen aber finden an den Verstorbenen statt. Spätestens dann, wenn niemand mehr hinschaut. Ich höre regelmäßig schlimme Geschichten von Krematorien, mit denen wir zusammenarbeiten. Und sehe Fotos, die kein Angehöriger jemals zu sehen bekommen sollte. Körper werden mehr in Särge reingeworfen, als reingelegt. Manche Tote sind nicht mal zugedeckt, geschweige denn angezogen. Die Zugänge aus dem Krankenhaus sind nicht entfernt worden, die Körper nicht gewaschen. Ein schlimmer Anblick. Warum passiert so etwas? Weil niemand hinschaut.

Dabei sollte ein menschenwürdiger Umgang mit dem Körper nicht nur bei jedem Bestatter dazugehören, sondern findet sich in der Regel auch als »Hygienische Grundversorgung« im Kostenvoranschlag wieder. Wenn ich in einem Raum mit hundert Bestattern die Frage stelle, ob jeder von ihnen immer diese Grundversorgung des Verstorbenen durchführt, werden alle nicken. Die Schlauen werden vielleicht noch antworten, dass man das bei Verstorbenen im Hospiz nicht mehr zu leisten braucht, da diese Grundversorgung bereits von den Hospizmitarbeitern durchgeführt wird. Also haben wir Stichproben gemacht. Mit befreundeten Krematorien aus dem Bundesgebiet. Und gehen seitdem davon aus, dass nur ein Drittel aller Verstorbenen in einem menschenwürdigen Zustand im Krematorium ankommt. Wie es bei den Erdbestattungen ist, kann ich nicht sagen. Niemand sieht dort die Verstorbenen bzw. in welchem Zustand sie sind.

Was kann man nun tun, damit das nicht mit den eigenen verstorbenen Angehörigen passiert? Nicht wegschauen. Wer darauf besteht, sich am toten Körper angemessen zu verabschieden, wird auch dafür sorgen, dass Bestatter ihren Job machen. Wenn auf solche Wünsche mit Sätzen wie »Sie wollen ihre Oma doch so in Erinnerung behalten, wie Sie sie im Leben kannten« reagiert wird, würde ich dringlich empfehlen, einen anderen Bestatter aufzusuchen.

In Kapitel 3 habe ich mich bereits darüber ausgelassen, wie mit Verstorbenen in deutschen Krankenhäusern umgegangen wird und wie viel Nachholbedarf dort besteht, wenn es um das Thema Trauer und Abschiednahme in Würde geht. Es ist bei Krankenhäusern wie mit der Bestatterbranche: So lange niemand etwas sagt, wird einfach so weitergemacht wie bisher. Nur aufgeklärte Angehörige, die die richtigen Fragen stellen und sichergehen, dass ihr Verstorbener auch mit der angemessen Würde und mit Respekt behandelt wird, können daran etwas ändern. Es kann nur ein Teil der Antwort sein, dass es heute einfacher ist, Verstorbene in den eigenen vier Wänden aufzubahren, als früher. Die Angehörigen von Oma Schulze müssen zu hundert Prozent Gewissheit haben, dass mit dem verstorbenen Körper auf würdevolle Weise umgegangen wird, egal, wo Oma gestorben ist und wo sich um ihren toten Körper gekümmert wird. Die Würde des Menschen ist unantastbar. Auch wenn er tot ist.

7. Kapitel

Der, die, das

Von Kindern kann man eine ganze Menge lernen, auch darüber, wie man trauert. Wir wollen unsere Kinder vor dem Unheil auf dieser Welt schützen, und natürlich gilt das auch für den Tod. Das Problem ist nur, dass uns der Todesfall meist auch selbst sehr beschäftigt und wir genauso machtlos sind wie jeder andere, wenn Oma oder Opa sterben, wenn ein Elternteil todkrank ist oder bei einem Unfall ums Leben kommt. Die eigene Trauer und die unserer Kinder gleichzeitig zu verarbeiten, ist eine große Aufgabe. Wir wollen einen vernünftigen Weg finden, den Trauerprozess zu bewältigen, und ganz besonders wollen wir das für unsere Kinder. Das geht nur, wenn wir selbst ohne Einschränkungen trauern dürfen und es trotz des Beschützerinstinkts zulassen, dass wir auch unseren Kindern diese Möglichkeit geben. Und wenn wir den Tod als einen natürlichen Umstand betrachten. Wir kommen zur Welt, wir leben, wir sterben. Gerade Kinder finden häufig einen eigenen, manchmal überraschenden Weg, einen Verlust zu verarbeiten. Pro Jahr begleiten wir zwei- bis dreihundert Familien, und nur ein einziges Mal war es bislang nötig, einen Psychologen zu Rate zu ziehen.

Bis zum Alter von drei können Kinder mit dem abstrakten Begriff »Tod« noch nicht umgehen, ihre kognitiven Möglichkeiten reichen dafür noch nicht aus. »Weg sein« und »tot sein« haben für sie noch die gleiche Bedeutung. Verlassen zu werden, ist grundsätzlich etwas Bedrohliches, aber die Endgültigkeit des Todes können sie noch nicht erfassen. Typisch für Kinder in diesem Alter, die vom Tod eines nahen Angehörigen betroffen sind, ist das Warten auf oder die Suche nach der »abwesenden« Person.

Zwischen drei und fünf Jahren entsteht langsam, aber sicher eine grundlegende Vorstellung von Tod, doch nehmen Kinder in diesem Alter bestimmte Umschreibungen noch sehr wörtlich. Wenn Opa angeblich nur eingeschlafen ist, muss er dann nicht auch wieder aufwachen? Das eigene Einschlafen kann bedrohlich wirken. Dass auch Kinder sterben können, wird in diesem Alter noch nicht wahrgenommen. Der Tod durch eine äußere Einwirkung wird zwar schon verstanden, aber innere Ursachen, beispielsweise eine Krankheit, werden noch nicht erfasst. Gerade bei nahen Verlusten entsteht bei Kindern in diesem Alter Verwirrung. Das permanente Suchen und die wiederholten Nachfragen sind normale Reaktionen.

Zwischen sechs und neun Jahren verstehen Kinder nicht nur den Tod, sie begreifen – zumindest rudimentär – auch die Endlichkeit als solche. Kinder unterscheiden jetzt zwischen »belebt« und »unbelebt«, der Tod wird zwar oft noch personifiziert (zum Beispiel als Engel oder Skelett), aber auch schon als biologische Tatsache verstanden. Erstmals entstehen ein Bewusstsein für die eigene Sterblichkeit und ein Verständnis für das Altern. Damit erhöht sich auch das Risiko von Trennungs- und Verlustängsten. Kinder entwickeln in diesem Alter ein großes Interesse am Tod und allem, was zum Tod dazugehört. Aber entgegen der Erwartung von uns Erwachsenen gehen sie, selbst wenn sie natürlich traurig sind, an viele Situationen sehr pragmatisch heran. Zum Beispiel: »Wer kocht denn für mich, wenn Mama genauso wie Oma irgendwann stirbt?« oder »Warum suchen wir uns nicht einfach einen neuen Papa?«

Im Alter von zehn bis vierzehn Jahren werden die Endgültigkeit und die weitreichenden emotionalen und sozialen Folgen des Todes verstanden, die Fähigkeit zur Empathie für andere Trauernde ist gegeben. Ab dem zwölften Lebensjahr bestehen Denkmuster, die ähnlich denen von Erwachsenen sind. Der Tod wird als unausweichliches Faktum am Ende des Lebens – wenn auch skeptisch - anerkannt. Erstmalig setzen wir uns in diesem Alter mit der Sinnfrage auseinander, haben Suizidgedanken oder fragen uns, was wohl ein Leben nach dem Tod bereithält und ob wir überhaupt vermisst werden, wenn wir mal nicht mehr da sein sollten.

Das sind grobe Richtwerte. Will man versuchen, Kinder in ihrer Trauer zu verstehen, muss man eigentlich alle vorgefertigten Antworten über Bord werfen. Ich packe während meiner Arbeit als Trauerbegleiter mit Kindern gerne Erinnerungskoffer. Dazu bewegen wir uns ein bisschen vom Rest der Familie weg, machen es uns in einer Ecke gemütlich und überlegen, was alles in Opas Koffer muss. Als Erwachsener denkt man an Fotos vom letzten Urlaub, den Ring, den Opa immer am kleinen Finger trug. Dieser eine Junge aber nahm eine Streichholzschachtel und legte sie in den Koffer. »Warum denn die Streichhölzer?«, wollte ich wissen und erfuhr, dass Opa zu Weihnachten immer die Kerzen am Baum angezündet hatte. Der Geruch von brennenden Streichhölzern würde für diesen Jungen immer in Verbindung mit seinem Großvater stehen.

Kinder sind neugierig. Sie wollen nicht nur wissen, warum der Himmel blau ist, sondern auch, wie Omas Augen aussehen, wenn sie tot ist. Oder ob Mama wirklich an ihrer Krankheit sterben wird. Ich finde es falsch, ihnen Märchen aufzutischen und zum blauen Himmel zu zeigen, statt ihnen zu erklären, dass Oma gestorben ist und Mama nicht mehr gesund wird, sondern es Zeit wird, sich zu verabschieden. Nicht immer werde ich meinen eigenen Ansprüchen gerecht. Da war dieses dreieinhalbjährige Mädchen, das seinen Papa verloren hatte. Als ich gemeinsam mit ihr über unseren Hof lief und eine Leiter trug, sagte das Mädchen: »Mit der Leiter wird Papa in den Himmel gebracht.« Ich haderte mit mir. Sollte ich dieses kleine Mädchen aufklären oder nicht? Durfte ich mir das überhaupt anmaßen? Ich schwieg. Ob das richtig war, weiß ich nicht. Denn irgendwann wird dieses Mädchen die Wahrheit erfahren. Dass Papa nämlich nicht einfach mithilfe einer Leiter in den Himmel gestiegen ist, sondern tot ist. War mein Schweigen dann hilfreich?

Wenn man wirklich erfahren will, wie ein Kind so eine Nachricht verarbeitet und wie der Tod in seiner Welt wahrgenommen wird, sollte man es einfach fragen. Die wichtigste Frage lautet immer: »Weißt du, was passiert ist?« Kinder wollen zwar alles wissen, aber sie wissen auch, dass ihre Mama vermutlich weinen müsste, wenn man sie mit Fragen zu Papas Tod löchern würde. Und als Kind will man seine Mama nicht weinen sehen, also schweigt man lieber. Vielleicht ist das Kind in dieser Situation und mit diesen Fragen besser bei seinem Onkel aufgehoben, denn der fängt nicht so schnell an zu weinen und war schon immer ein Kumpel. Auch er wird trauern, aber aus Sicht des Kindes nicht auf eine Art, die vermuten lässt, man sei selbst für die Tränen des Onkels verantwortlich. Traut euch, liebe Eltern, so zu trauern, wie ihr das braucht, und schluckt nicht aus Rücksicht auf den Nachwuchs Dinge runter, die euch noch sehr lange schwer im Magen liegen werden! Nehmt euch die Zeit, die ihr benötigt, gebt Verantwortung ab. Fragt ruhig besagten Onkel, ob er in dieser ersten Phase nicht mal regelmäßig Zeit hat, mit eurem Kind oder euren Kindern ins Kino oder auf den Spielplatz zu gehen. Es tut sehr gut, Zeit für sich alleine zu haben. Und letztlich erreicht ihr damit genau das, was ihr eh vorhattet: eure Kinder so gut wie möglich durch diese schwierige Zeit zu bringen.

Ähnliches konnte ich beobachten, als wir ein eineinhalbjähriges Mädchen bestatten mussten und für die Eltern selbstverständlich eine Welt zusammengebrochen war. Der Bruder des verstorbenen Mädchens, ein Drittklässler, wich seinem Opa nicht von der Seite. Zwar trauerte auch Opa, aber er tat das aus Sicht des Kindes nicht so offensiv wie vielleicht Mama und Papa. Für den kleinen Jungen war Opas Gegenwart damit ein Stück weit Normalität inmitten der Katastrophe, und noch viel wichtiger: Bei Opa bekam er nicht das Gefühl, mit seiner eigenen Trauer die Trauer der Erwachsenen noch zu verstärken. Für Kinder ist das wichtig. Sie wollen nicht der Grund sein, Mama und Papa zum Weinen zu bringen.

Als Kind hätte ich mir als ganz persönlichen Trauerbegleiter den Schwippschwager meines Opas ausgesucht. Mit Onkel Kurt ging ich regelmäßig in Museen, bei ihm fühlte ich mich einfach sicher und geborgen. Er wäre mein Fels in der

Brandung gewesen. Er hatte immer auf alles eine schlaue Antwort. Auch wenn es vielleicht den eigenen Erziehungsmethoden widerspricht: Bei einem Todesfall handelt man als Elternteil verantwortungsvoll, wenn man mal etwas Verantwortung und auch seine Kinder kurz abgibt. Es ist nicht die Trauer über Omas Tod, die Schäden bei einem Kind hinterlässt, sondern die übertriebene Rücksichtnahme der Eltern, die verhindert, dass der Nachwuchs einen eigenen Weg findet, mit dem Tod umzugehen.

Natürlich ist die Aufgabe, Kinder unbeschadet durch einen Trauerprozess zu führen, gigantisch. Viele Eltern stürzen sich in ihrer Trauer fast schon automatisch beschützend auf ihren Nachwuchs, und welchem Elternpaar will man es verübeln, wenn es nach dem Tod eines Geschwisterkindes noch fürsorglicher mit dem übrigen Nachwuchs umgeht? Nur ist die Gefahr groß, dass sich Eltern in dieser Beschützerrolle selbst vernachlässigen. Auf einem unserer Treffen für Menschen, die ihren Partner verloren haben, fragte ich die Anwesenden, wer von ihnen feste Termine in der Woche habe, wo es nur um sie selbst gehen würde. Lediglich einer meldete sich. Er würde jeden Dienstagmittag alleine ins Kino gehen. Alle anderen schauten mich ratlos an. Wie soll man denn überhaupt etwas verarbeiten, wenn man sich gar nicht die Zeit dafür nimmt? Die Frage geht auch an die Angehörigen. In solchen Situationen können sich gute Freundschaften bezahlt machen. Jetzt mal dafür zu sorgen, dass Papa jeden Donnerstagabend ein paar Bierchen mit seinen Jungs in der Kneipe trinken kann, während die Kinder versorgt sind, ist eine sehr große Hilfe.

Kinder brauchen Regelmäßigkeiten. Ganz besonders, wenn ihre Welt durch einen Trauerfall aus den Fugen zu geraten scheint. Es ist wichtig, dass sie weiter zur Schule oder in den Kindergarten gehen. Zuhause wird geweint, in der Schule geht das Leben weiter. So schwer der Einschlag auch war. Deshalb bin ich auch immer skeptisch, wenn Eltern nach dem Tod eines Partners das erste Weihnachten nach der Tragödie woanders feiern, um der Trauer auszuweichen. Für die Kinder war Weihnachten doch immer das eigene Wohnzimmer. Papa ist nicht mehr da, und das ist furchtbar. Aber die Erde dreht sich trotzdem weiter, und die schönen Erinnerungen an all die gemeinsamen Weihnachtsfeste bleiben. Vielleicht ist es sinnvoller, die Tradition aufrechtzuerhalten, statt mit ihr zu brechen. Oder will man Weihnachten nie wieder zu Hause feiern?

Kinder besitzen magische Kräfte, wenn es darum geht, Trauer zu verarbeiten. Ich habe das schon häufig beobachten dürfen. Ein Beispiel, stellvertretend für viele Fälle: Eine Trauerfeier mit Kindern unter den nahen Angehörigen. Drinnen die pure Trauer, bewegende Worte, auf der Leinwand ein Videogruß von dem Verstorbenen. Alle weinen. Draußen fangen die Kinder irgendwann von ganz alleine an, die restlichen Blumen aus der Kapelle zur Grabstelle zu tragen und den Sarg zu schmücken. Die Erwachsenen sagen: »Opa wäre stolz auf euch gewesen.« Die Kinder sind stolz wie Bolle, und mit einem Mal herrscht eine ganz andere Stimmung. Die Welt gehört in Kinderhände? Zumindest für Begräbnisse wäre das mal eine gute Idee.

Selbstverständlich reagiert jedes Kind anders auf Trauer. Ich habe sie bislang zum Glück in der klaren Minderheit erlebt, aber natürlich gibt es auch ungünstige Trauerverläufe. Kinder fangen wieder an, ins Bett zu pinkeln, oder fallen sprachlich zurück. Für solche Fälle gibt es Anlaufstellen, die man nutzen sollte. Trauer ist keine Krankheit. Es gibt Gründe dafür. Ganz entscheidend, ob bei »normalen« oder krankhaften Trauerverläufen, ist die Kommunikation im sozialen Umfeld des Kindes, also vor allem im Kindergarten oder in der Schule. Es passiert nicht selten, dass Kinder von anderen Kindern der Lüge bezichtigt werden, weil die noch nicht begreifen können, dass ein Papa wirklich für immer weg sein kann. Wenn wir eine Familie betreuen, in der eine junge Mama oder ein junger Papa gestorben ist, gehe ich mit den Kindern in ihre Tagesgruppe oder Klasse, erzähle den Kindern, was genau passiert ist und warum mein betreutes Kind traurig ist. Dann biete ich allen an, Fragen zu dem Todesfall zu stellen, bitte aber anschließend darum, von nun an zu respektieren, dass mein Schützling vielleicht nicht mehr darüber sprechen möchte.

Wenn eine Mama oder ein Papa gestorben ist, wird das immer Thema im Leben eines Kindes sein. Nicht nur in der akuten Phase. Was ist, wenn Mama wieder anfängt, sich mit anderen Männern zu treffen? Es gibt Kinder, die sehr rational mit dem Tod umgehen und Dinge sagen wie: »Dann heirate doch einfach einen neuen Papa«. Andere sprechen regelrechte Verbote aus und verlangen, dass Mama nie wieder einen anderen Mann mit nach Hause bringt. Ein sehr sensibles Thema. Und auch hier ist eine offene und direkte Kommunikation die beste Art, die anfallenden Probleme zu beheben. Kinder müssen erklärt bekommen, warum es sehr wichtig ist für Mama, dass mal wieder ein anderer Mann in ihrem Bett schläft und warum sie trotzdem immer noch traurig wegen Papa ist.

Kinder haben Angst davor, dass Papa vielleicht vergessen wird. Und diese Angst kann man ihnen nehmen. Sie können in ihrer Trauer sehr egozentrisch sein. Dann werden Mamas

Tränen über Papas Tod auf sich selbst bezogen, was die falsche Erkenntnis nährt, man selbst sei Auslöser dieser Trauer. Auch diese Angst kann man ihnen nehmen.

Es ist wichtig, dass wir über den Tod nachdenken und uns auf ihn vorbereiten. Und dann mutig genug sind, unseren Kindern die Wahrheit zu sagen. Dass Mama nicht wiederkommen, sondern sterben wird. Für Kinder, wie auch für Erwachsene, ist es das Wichtigste, Erinnerungen zu schaffen. Ein junger Vater hatte in den letzten Wochen vor seinem Tod organisiert, dass seine Tochter fortan bis zu ihrem einundzwanzigsten Geburtstag an jedem Ehrentag posthum einen Strauß Blumen von ihrem Papa bekam. Ich habe für mein Patenkind Karl eine Liste mit den hundert wichtigsten Songs der Musikgeschichte angefertigt, die er bekommt, wenn ich mal sterbe. Ich finde, so eine Liste gehört zu jedem humanistischen Weltbild dazu. Nicht nur für Karl. Wir sollten uns die Frage stellen: Was kann ich, während ich noch lebe, für meine Kinder für die Zeit tun, wenn ich nicht mehr da bin? Junge Eltern sterben häufig plötzlich und überraschend, gerade deshalb sollte man sich als Mama oder Papa verantwortlich dafür zeigen, sich über den eigenen Tod mehr Gedanken zu machen.

Interview:
Judith Holofernes über trauernde Kinder

Judith Holofernes, *geboren am 12. November 1976 in Berlin, ist Musikerin, Songschreiberin und Autorin, berühmt wurde sie als Frontfrau der Band Wir sind Helden. Die praktizierende Buddhistin setzt sich vor allem mit dem Thema Kindertrauer auseinander.*

Judith, wann hast du das letzte Mal über den Tod eines Musikers getrauert?
Als David Bowie starb.

Haben deine Kinder mitbekommen, dass Mama traurig war?
Oh ja, da war Mama sehr traurig. Ich habe neulich einen Podcast gehört, da sprach die Frau von Elvis Costello darüber, was ihr die Musik ihres Mannes bedeute. Und sie sagte, dass, egal was vorher passiert sei, sie sich mit ihm versöhnt fühle, wenn er einen seiner Songs singe. Sie sehe ihn beim Singen als echteren Elvis Costello als im Alltag. Es lässt sie ihn immer wieder lieben, weil seine Musik dafür sorgt, dass sie in seine Seele schaut. Da dachte ich an mein Verhältnis zu David Bowie. Wenn man einen Menschen seit vielen Jahren über seine Songs kennenlernt, dann lernt man auch seine Seele kennen. Der Podcast war ein Trost für mich: Ich hatte nun eine Erklärung dafür, warum mich Bowies Tod so traurig gemacht hat.

Seit wann beschäftigst du dich mit dem Tod?
Ich hatte schon als junge Frau sehr intensiven Kontakt mit dem Tod. Ich war siebzehn und ein enger Freund war an Krebs erkrankt, der Tod war durchaus im Bereich des Möglichen. Er wurde wieder gesund,

aber ich spüre bis heute, wie sehr mich das getroffen hat. Schon als Kind beschäftigte ich mich mit dem Thema. Ich hatte und habe große Angst vor Verlusten. Aber was mich tröstet ist das Wissen, dass der Mensch im Ernstfall Kräfte mobilisieren kann, von denen er gar nicht wusste, dass er über sie verfügt. Wie in der Schwangerschaft, wenn körpereigene Drogen freigesetzt werden. Ich habe ein Lied geschrieben, es heißt: »Ein Elefant für dich«. Der Text lautet:

Ich werde riesengroß für dich
Ein Elefant für dich
Ich trag dich meilenweiter
Übers Land
Und ich
Trag dich so weit wie ich kann
Ich trag dich so weit wie ich kann
Und am Ende des Wegs, wenn ich muss
Trage ich dich
Trag ich dich über den Fluss

Der Song war eine Reflexion dessen, was ich damals mit siebzehn erfahren habe. Ich will das nicht zu sehr romantisieren. Kraft entwickeln ist eine Sache, die Schultern zu breit werden lassen, ist eine andere. Und trotzdem tröstet es mich zu wissen, dass ich über diesen Ernstfallmodus verfüge.

Setzt du dich aktiv mit dem Tod auseinander?
Ich meditiere seit vielen Jahren und beschäftige mich in meiner buddhistischen Praxis sehr häufig mit dem Tod. Ich habe Sterbeseminare besucht, in denen man das Loslassen übt, die Akzeptanz allem gegenüber, was mit dem Leben zu tun hat – also auch dem Tod. Was ich

überraschend fand, ist die Tatsache, dass man eine Tür, die man emotional einmal aufgestoßen hat, nicht wieder zu bekommt. Es gab da einige Seminare, die nicht für schwangere Frauen gedacht waren, schließlich erscheint es wenig förderlich, sich so intensiv mit dem Tod zu beschäftigen, wenn man gerade dabei ist, Leben in die Welt zu setzen. Aber ich war zu diesem Zeitpunkt nicht schwanger, also machte ich mit. Sechs Monate später war ich schwanger, und die Türen, die ich aufgestoßen hatte, blieben offen. Ich hatte solche Angst vor dem Tod und dem Verlust, das hat mich richtig erschüttert.

Musstest du mit deinen Kindern schon mal über den Tod kommunizieren?

Ja. Als ein Elternteil meines Mannes starb, war ich sehr überrascht, wie schwer mir die ganze Situation fiel. Ich dachte eigentlich, dass ich sehr gut vorbereitet war auf einen solchen Fall, und ich glaubte zu wissen, wie ich mich dabei gegenüber meinen Kindern verhalten würde. Wir hatten bereits sehr schöne Gespräche über den Tod geführt, und da waren sie noch viel kleiner gewesen. Aber dann trat der Ernstfall ein, ich war mit den Kindern alleine zu Hause, mein Mann begleitete das Sterben aktiv, es war 23 Uhr, als wir die Nachricht bekamen; ein weinendes Kind weckte das andere, und all das Elend brach über mir zusammen. Ich hatte mir eigentlich vorgenommen, die Trauer meiner Kinder erst mal einfach so stehen zu lassen, sie nicht zu schnell zu trösten oder zu verarzten. Aber ich hielt das einfach nicht aus. Die Trauer meines Mannes, meine Trauer, die Trauer meiner Kinder – das überstieg meine Kräfte. Ich wollte einfach, dass das aufhört, also begann ich, meine Kinder zu trösten. Ich hatte es eigentlich anders machen wollen.

Wir haben in Berlin gemeinsam mit der Stephanus-Stiftung und der evangelischen Kirche ein Projekt gestartet: Kindertrauer Berlin. Dort sollen Angebote geschaffen werden, zum Beispiel, Kinder zu suspendieren, sie also in der Trauer von den Eltern auch mal wegzuholen. Kindern spiegeln einen in der Trauer; wenn man weint, weinen auch sie. Bei Kindertrauer Berlin kann man sich als betreuende Person einen ehrenamtlichen ausgebildeten Trauerbegleiter dazu holen, wenn es akut wird. Der kommt dann sogar mit zur Trauerfeier und ist auch später ansprechbar, außerdem kann das Ganze in einer Kindertrauergruppe weitergeführt werden, wo Kinder lernen, mit der Trauer umzugehen und dass sie in ihrer Trauer nicht alleine sind.

Das ist eine sehr schöne Idee. Wenn ich mit anderen Eltern über den Tod im Familienkreis spreche, merke ich immer, wie dankbar ich bin, ein spirituelles Zuhause zu haben, um solche Themen zu verarbeiten. Wie ist es für Menschen, die nicht religiös oder spirituell veranlagt sind? Die haben niemanden, an den sie sich wenden können. Deswegen sind solche Angebote auch sehr wichtig.

Wie kann man deiner Meinung nach mit Kindern über den Tod sprechen?

Ich habe das Gefühl, dass sie sehr gut mit Erklärungen zurechtkommen, die das Leben als Kreislauf verstehen, als Zyklus, wo der Körper zurück in die Erde geht und aus der Erde wieder ein Baum wächst. Andererseits ist ja auch das Verbrennen eine Überführung in Energie.

Mir hat mal eine Kindergartengruppe die schöne Idee vermitteln wollen, dass Verbrennen die einzige Möglichkeit ist, in den Himmel zu kommen, weil Rauch ja nach oben steigt.

Ich habe mit meinen Kindern ein Ritual: Wir schreiben Briefe und verbrennen sie dann, damit die Wünsche in den Himmel aufsteigen.

Was wünschst du dir für deinen Tod?

Ein leichter Tod ist mein höchstes Lebensziel. Ich weiß, dass man sich nicht aussuchen kann, wann und wie und wo man stirbt. Aber ich finde, man sollte das Sterben üben, solange man gesund ist. Ich weiß, dass ich mir einen Wettlauf mit der Zeit liefere. Und ich wünsche mir, dass ich irgendwann bereit bin, Ja zu sagen, wenn der Tod naht. Den einzigen Fehler, den ich machen kann, ist, das nicht weiter zu üben. Ich habe schon vor Jahren einen Song geschrieben: »Ich Werde Mein Leben Lang Üben, Dich So Zu Lieben, Wie Ich Dich Lieben Will, Wenn Du Gehst«. Das trifft es ganz gut, denke ich.

Es gibt viele Menschen, die dich als Pop-Figur Judith Holofernes begreifen. Dürfen die um dich trauern, wenn du mal sterben solltest?

Natürlich. Und sie sollen alle meine Lieder singen. (Lacht.)

Dürfte es einen Gedenkgottesdienst oder Ähnliches geben?

Klar. Ich habe zum Glück genügend Freunde, die dann schon wüssten, was mir gefallen würde.

8. Kapitel

Cemetery Gates

Die ältesten Zeugnisse von so etwas wie einem kulturellen menschlichen Leben auf diesem Planeten sind Grab- und Kultstätten. Unsere Mitmenschen zu bestatten, unseren Toten zu gedenken, ist eine viele Tausend Jahre alte Tradition. Schon die Neandertaler hatten eine eigene Begräbniskultur. Es ist uns Menschen ein emotionales Bedürfnis, unsere Verstorbenen zu begraben, sich ihrer zu erinnern und zu ehren.

Der moderne Mensch hat dafür den Friedhof. Und hat doch ein gespaltenes Verhältnis zu dieser letzten Ruhestätte seiner Toten. Es gibt Menschen wie meine Oma, die jeden Tag auf den Friedhof geht und die Grabstelle meines Opas besucht, weil sie sich ihm dort so nahe fühlt. Oder jenen jungen Mann, den ich kürzlich auf dem Friedhof wiedertraf, nachdem ich eine Beerdigung vorbereitet hatte und bei einer Zigarette auf die Angehörigen wartete. Etwa ein Jahr zuvor hatte ich die Lebensgefährtin des jungen Mannes beerdigt. Ich setzte mich zu ihm und wir rauchten zusammen eine Zigarette. Er erzählte mir, dass er immer noch alle vierzehn Tage auf den Friedhof käme, weil das der einzige Ort für ihn sei, um der Trauer um seine verstorbene Freundin ein Ventil zu geben. Manchmal, sagte er, vergesse er im normalen Alltag das Trauern, vergesse sogar die verstorbene Person, und dann werde der Druck so groß, dass es ihn regelmäßig zur Grabstelle ziehe. Für mich war das eine Erkenntnis: der Friedhof als Ort des Suspendierens. Wo man einfach loslassen kann und trauern darf, während die Welt sich weiterdreht.

Ich habe während meiner Arbeit als Bestatter aber auch schon viele Menschen kennengelernt, die eher ungern auf den Friedhof gehen und sich andere, persönlichere Orte suchen, um sich an ihre Verstorbenen zu erinnern. Für diese Menschen erfüllen Friedhöfe ihre Aufgabe nicht, sie denken über sie, wie ich es früher tat, wenn ich meine Großeltern zum Grab meiner Urgroßeltern begleiten musste. Für mich waren Friedhöfe frisch geharkte Symbole des deutschen Spießertums, mit Regeln und Vorschriften und Verboten, die man nur deshalb besuchte, weil es unglaublich peinlich gewesen wäre, wenn sich die Nachbarn über vertrocknete Blumen auf den Familiengräbern das Maul zerrissen hätten.

Meine Herkunft verstärkte das nur noch, in der DDR wurde der sozialistische Mensch standardisiert beerdigt, entsprechend trostlos sahen die Friedhöfe auch aus. Inzwischen habe ich zum Glück viele andere Friedhöfe kennengelernt, Friedhöfe, die liebevoll gestaltet sind und wo die Menschen gerne hinkommen. Um zu trauern und nicht, um vor den Nachbarn das Gesicht zu wahren. Allein schon weil Friedhöfe einen Großteil der städtischen Grünflächen ausmachen, verdienen sie eine besondere Aufmerksamkeit.

Wir müssen uns mit ihnen beschäftigen, ob wir wollen oder nicht. Abgesehen von einigen Ausnahmen gilt in Deutschland

der Friedhofszwang, was bedeutet, dass wir nur hier unsere Toten bestatten dürfen. Es gibt sie natürlich noch immer, die frisch
geharkten Symbole deutsche Spießigkeit, die düsteren Friedhöfe, die Besucher mit großen Schildern begrüßen, auf denen
eine Vielzahl Verbote aufgemalt sind, wo eine so bedrückende
Stimmung herrscht, dass man es kaum wagt, mit normaler
Stimme zu sprechen. Und gleichzeitig hat sich in den vergangenen Jahren eine Menge getan. Ich kenne Friedhöfe, die ein eigenes Café besitzen, um den Menschen den Besuch bei ihren
Verstorbenen angenehmer und vor allem ungezwungener zu
machen. Es gibt Friedhöfe wie den Südwestkirchhof Stahnsdorf
in Brandenburg, bei dem aus der Not eine Tugend gemacht
wurde und der beispielhaft für viele Friedhöfe steht, deren Verwaltung sich ernsthafte Gedanken über die Gestaltung macht.
Dieser Friedhof war lange Zeit durch die Mauer von seinem
Einzugsbereich abgeschnitten, vorrangig fanden sich hier sehr
alte, zum Teil verfallene Grabstellen. Bevor das große Wachstum
der Städte einsetzte, wurden viele Friedhöfe vor den Toren der
Stadt errichtet, heute sind die meisten Friedhöfe ins Stadtbild
eingebunden. Vom Rand in die Mitte. Weil die Verwalter in
Stahnsdorf aber auf die schöne Idee kamen, zwischen diesen
alten Grabstellen neue anzulegen, hat der Südwestkirchhof heute ein besonderes Flair und gehört zu den beliebtesten Friedhöfen in der Gegend. Kleine Steine direkt auf dem verwilderten
Friedhof verraten den Ort der neueren Gräber.

Wie ein Friedhof aussieht, was auf ihm erlaubt ist und was
nicht, wie modern oder unmodern er sich präsentiert, wie to-
lerant und modern, das hängt von den jeweiligen Vorgaben
des Bundeslandes ab, vor allem aber von den eingesetzten Verwaltern. Auf ihrem Friedhof sind sie die Könige. Über dem

Verwalter eines kirchlichen Friedhofs steht das zuständige Kirchenoberhaupt, die städtischen Verwalter müssten vermutlich zum Bürgermeister gehen, wenn sie ihrem Chef mal Hallo sagen wollten. Verwalter sind Alleinherrscher. Sie müssen sich zwar theoretisch an vorgegebene Gesetze halten, haben aber in der Praxis sehr viel Spielraum. Die Verwalter können versuchen, die schönsten Ideen durchzusetzen, oder einfach gar nichts ändern. Gerade in Kleinstädten ist das ein Problem. In vielen Städten gibt es nicht mehr als drei oder vier Friedhöfe, die Auswahl ist also begrenzt, der Verwalter spürt keinen Druck, viel zu verbessern. Berlin hat heute etwa zweihundertvierzig Friedhöfe, und doch entscheiden sich viele Kunden von uns häufig für einen der fünf, sechs Friedhöfe, auf denen Verwalter arbeiten, die einen tollen Job machen.

In Deutschland haben wir es vor allem mit zwei Friedhofsarten zu tun: dem kirchlichen und dem städtischen. Früher galt auf Friedhöfen, die eigentlich als Kirchhöfe rund um die jeweiligen Kapellen angelegt waren: Je näher die Grabstelle an der Kirche und damit den Reliquien war, desto begehrter und teurer war sie. Das ist heute zum Glück nicht mehr so, unterschiedliche Preismodelle gibt es allerdings noch immer. Und das nicht nur auf den kirchlichen Friedhöfen. Die Preismodelle unterscheiden sich oft von Bundesland zu Bundesland. In Berlin ist die Regelung folgende: Auf einem kirchlichen Friedhof bezahlt man für die Fläche, auf einem städtischen für den jeweiligen »Fall«. Ein Platz für vier Urnen kostet auf einem kirchlichen Friedhof etwa 1300 Euro, plus 300 Euro Friedhofsgebühr. Auf einem städtischen Friedhof bezahlt man für jede bestattete Urne eine Gebühr von etwa 900 Euro. Gesetzt den Fall, dass im Laufe der Zeit nicht nur eine Bestattung auf dieser Stelle stattfindet, gleichen sich beide Modelle in etwa aus. In Hamburg zum Beispiel ist das Ganze schon wieder ganz anders geregelt.

Gerade hier in Berlin und im Umland beobachte ich regelmäßig die Folgen des schweren Friedhofserbes der DDR. Im Sozialismus wollte man selbst im Tod die Menschen noch gleichmachen, entsprechend gleichförmig sahen die Friedhöfe aus. Platz für kreative und individuelle Ideen gab es nicht. Bei den Protestanten war es ähnlich. Eine humane Bestattungskultur, wie ich sie in diesem Buch beschreibe, gab es nicht; Bestattungen waren eine vor allem organisatorische Angelegenheit und wurden von einer Unterabteilung der Stadtreinigung übernommen. Die Wende hat auch bei der Abschiednahme und auf Friedhöfen stattfinden müssen und ist vielerorts noch längst nicht abgeschlossen.

Eines der Hauptprobleme neben den Verwaltern, die ihre Arbeit nicht gut machen, ist der Mangel an Flexibilität. Friedhöfe müssen und können grundsätzlich zwar langfristig planen, die Lebenden von heute sind die Toten von morgen. Aber gerade in einer Stadt wie Berlin, die sich jedes Jahr demografisch sichtbar verändert, ist es teils nicht so einfach. Da stehen sich die Verantwortlichen selbst im Weg. Für den Friedhofsüberschuss ist vor allem die Entwicklung der Urnenbestattung verantwortlich, heute lassen sich viel mehr Menschen einäschern als früher. Eine Urne nimmt deutlich weniger Platz weg als ein Sarg. Es hat wahnsinnig lange gedauert, bis man sich in Deutschland an Modellen anderer, fortschrittlicherer Länder orientiert hat, um auf diese Entwicklung zu reagieren. Warum hat man nicht viel früher angefangen, den Trend der naturnahen pflegefreien Bestattung mitzugehen? Selbst die spießigsten Friedhöfe haben heute pflegefreie Gemeinschaftsanlagen und immer mehr Menschen wollen sich so bestatten lassen.

Auch hier nehme ich die Verwalter in die Verantwortung. Ich erlebe es ja selbst oft genug, mit welchen Mitteln man Friedhöfe auch schöner und moderner machen kann. Ich denke da etwa an diesen unglaublich tollen Verwalter, der auf recht kreative Weise auf die Tatsache reagierte, dass viele mittelalte Westberliner einen Faible für die Lüneburger Heide haben. Das lila Kraut, das dort wächst, war zu Mauerzeiten eine der beliebtesten Touristenattraktionen der Großstädter. Besagter Verwalter legte auf seinem Friedhof einfach eine Heidelandschaft mit Grabstätten an, und jetzt rennen ihm die Menschen die Bude ein.

Wenn es um die Bestattung geht, habe ich insgesamt eine Art gesellschaftliche Dreiteilung beobachtet. Man kann zwischen drei Typen von Bestattungen unterscheiden, die ich im Folgenden umreißen will: Die Rede ist von der anonymen Beisetzung, der naturnahen Beisetzung und der individuellen Grabstelle. Bei der Unterscheidung spielen die Finanzen zwar auch eine Rolle, sind aber nicht von entscheidender Bedeutung. Wie und wo wir uns beerdigen lassen, hat noch viele andere Gründe als das liebe Geld.

Die anonyme Beisetzung

Anonyme Beisetzungen gehen selten auf Entscheidungen der Angehörigen zurück. Ganz häufig erlebe ich es, dass vor allem ältere Menschen die klare Vorstellung haben, dass sie ganz unspektakulär und ohne großen Aufwand anonym beerdigt werden wollen. Um nur ja niemandem zur Last zu fallen. Ich habe bereits in anderen Kapiteln über die Problematik in dieser Hinsicht gesprochen, über die oft mangelhafte Kommunikation über den Tod, die dann dazu führen kann, dass Oma in ihrem anonymen Grab liegt, während ihre Kinder sich doch eigentlich einen anderen Ort der Abschiednahme und des Trauerns gewünscht hätten.

Auch wenn an einer solchen Entscheidung nicht mehr zu rütteln ist, ermutige ich Angehörige, die Wünsche ihrer Verstorbenen kreativ auszulegen. Es gibt viele Möglichkeiten, anonym bestattet zu werden. Ich finde pflegefreie Gräber toll, das sind sehr schöne und persönliche Anlagen auf Friedhöfen, auf denen dann zwar keine Namensschilder oder Grabsteine zu finden sind, die aber zumeist sehr liebevoll gestaltet sind. Und dort hat man die Möglichkeit, selbst zu pflanzen und zu pflegen, um sich so einen Ort zu schaffen, an dem Oma zwar anonym liegt, an dem man jedoch seinen Freiraum für die Trauer hat. Es gibt allerdings anonyme Bestattungen, da ist man nicht mal dabei, wenn die Urne in die Erde gelegt wird. Macht das wirklich Sinn für die Angehörigen?

Ich habe schon häufig zugeschaut, wie an Beisetzungstagen auf anonymen Feldern ein acht Meter langer und dreißig Zentimeter breiter Graben ausgehoben wurde, weil dort eine Urne nach der anderen versenkt werden sollte. Beerdigung am Fließband. Möchten Menschen wirklich so bestattet werden? Ich persönlich finde die Vorstellung schrecklich.

Als mein Opa starb, wurde er halbanonym auf einer Wiese beigesetzt. Halbanonym bedeutet in diesem Fall, dass die Namen der Verstorbenen auf einer Wand neben der gestalteten Wiese verewigt werden, man also weiß, wer hier begraben liegt, aber nicht genau, wer wo. Meiner Oma ist es allerdings ein

Bedürfnis, regelmäßig auf den Friedhof zu gehen, auf dem ihr Mann beerdigt wurde. Sie behalf sich damit, an der Stelle der Wiese, an der er beigesetzt wurde, ein Cent-Stück in den Rasen zu drücken. Doch nachdem der Gärtner die Wiese mit einem Rasenmäher bearbeitet hatte, war die Münze weg. Für meine Oma wäre es eine große Erleichterung, wenn ihr ein Stein, eine Pflanze oder was auch immer Auskunft darüber geben könnte, wo sie ihren Mann findet. Und es macht ihr zu schaffen, dass das nicht der Fall ist.

Solche Überlegungen sollte man durchaus anstellen, wenn man sich für ein anonymes Grab entscheidet. Es nimmt den Angehörigen viele Optionen. Wir sollten uns die Zeit nehmen und jede Möglichkeit zu Ende denken. Zum Beispiel: Was passiert, wenn ich mal umziehen werde? Wenn meine Eltern anonym begraben sind, dann ist es nahezu unmöglich, die Gräber auch umbetten zu lassen.

Ein anonymes Grab lässt sich kaum noch ent-anonymisieren. Dafür muss man erstens die richtige Urne finden und zweitens den zuständigen Friedhofsverwalter davon überzeugen, das Grab zu öffnen. Ich hatte den Fall einer Frau, die gerne ihre Mutter neben dem Vater beerdigen wollte, der bereits Jahre zuvor verstorben war. Allerdings hatte er auf ein anonymes Grab bestanden, obwohl seine Kinder dagegen gewesen waren. Er hatte ihnen nicht zugetraut, sich auch um das Grab zu kümmern. Nun bat seine Tochter den zuständigen Verwalter darum, ihren Vater wieder auszubetten. In einem solchen Fall kommt das Problem einer anonymen Bestattung voll zum Tragen, denn niemand vermerkt hier, wo genau eine Urne begraben wurde.

Bei meiner Oma ist es wie gesagt so, dass sie, seitdem die Münze weg ist, nicht mehr genau weiß, wo ihr Mann begraben liegt. Die besagte Frau, die ihre Eltern nebeneinander gebettet sehen wollte, hatte sich aber genaue Notizen gemacht und den Standort des Grabs so exakt berechnet, dass sie es schaffte, den Verwalter zu überzeugen, ein Loch zu buddeln. Sie hat eine so vehemente Art, dass der Verwalter keine Chance auf Widerstand hatte. Was ihren Argumenten sicherlich auch ein gewisses Gewicht verlieh, war die Zusicherung, eine große individuelle Grabstelle zu kaufen; die Gebühren für das alte Grab musste sie ebenfalls weiterzahlen, und für das Ausbetten erhoben die Verwalter auch eine Gebühr.

Nur die wenigsten machen sich die Mühe, den jeweiligen Standort zu dokumentieren. Warum gibt es eigentlich keine GPS-erfassten Grabstellen? Bei einer Seebestattung bekommen die Angehörigen die exakten Koordinaten übermittelt, wo die Seeurne im Wasser versenkt wurde. Auf Friedhöfen schert das niemanden.

Die Frau hatte richtig gelegen, die Urne ihres Vaters wurde ausgebettet, und jetzt liegen ihre Eltern gemeinsam in einem Grab. Ihrer Tochter war das ein so großes Bedürfnis, dass sie dafür weder Kosten noch Mühen scheute und ihre ganze Überzeugungskraft gegenüber dem Verwalter zum Einsatz brachte. Ich habe viele Fälle erlebt, wo so etwas nicht funktionierte, weil Urnen nicht mehr auffindbar waren oder Verwalter sich querstellten.

Sehr häufig spreche ich, wenn es um das Thema anonyme Gräber geht, über die Form der Bestattung. Eine Urne, oder doch lieber einen Sarg? Einer der Gründe, warum sich so viele Menschen für die Urnenbestattung entscheiden, ist der, dass diese Form der Beisetzung angeblich ökologischer ist, als in einem Sarg in der Erde vergraben zu werden. Darüber lässt sich streiten.

Stand jetzt gibt es keine fundierte und unabhängige Untersuchung darüber, was denn nun tatsächlich ökologischer ist. Bei der Kremation entsteht zum Beispiel Sondermüll durch die Filterrückstände, die dann in blauen Sondermülltonnen entsorgt werden müssen. Und um mit einer Legende aufzuräumen: Die Körper der Verstorbenen können gar nicht von Würmern zerfressen werden, dafür liegen die Särge zu tief im Boden. Und bis das Holz eines Sargs zerfällt, ist das mit dem menschlichen Körper schon längst geschehen.

Für mich ist bei der Frage, ob Urne oder Sarg, eher ein anderer Faktor von Bedeutung. Es ist abstrakt, wenn von einem Menschen mit neunzig Kilo Lebendgewicht nur ein paar Gramm mineralischen Rests übrig bleiben. Ich persönlich finde das weniger verständlich, als einen toten Menschen in einem Sarg liegen zu sehen. Nicht umsonst werden wir häufig gefragt, ob man wirklich sicher sein kann, dass sich in der Urne tatsächlich die Überreste des Verstorbenen wiederfinden. Geschichten wie die vom gestohlenen LKW eines Bestatters, dessen Ladung – Leichen auf dem Weg ins Krematorium - von Dieben in Tschechien ziemlich lieblos in den Wald geworfen wurden, tragen zu einem Grundvertrauen nicht gerade bei. Zumal sich dabei herausstellte, dass der Bestatter die Toten entgegen der Absprachen nicht ausreichend gewaschen und eingekleidet, sondern achtlos in die Särge gelegt hatte.

Ich persönlich möchte nicht verbrannt werden. Ich habe keine Lust auf Feuer. Das ist keine rationale Begründung, aber ich glaube, man kann diese Frage letztlich nur irrational beantworten. Man sollte sich nur über die jeweiligen Folgen bewusst sein. Wer sich in dieser Hinsicht unsicher ist, sollte sich lieber zwei Tage Zeit nehmen, um in Ruhe darüber nachzudenken. So eine Entscheidung lässt sich nicht mehr rückgängig machen.

Die naturnahe Beisetzung

Ich werde in diesem Abschnitt den Begriff »Bestattungswälder« benutzen und nicht, wie inzwischen vielerorts üblich, von »Friedwäldern« sprechen. Das hat einen ganz einfachen Grund: FriedWald ist ein Unternehmen, kein allgemein verwendeter Begriff.

Dem seit Jahren sehr populären Trend, sich einen Baum oder eine Grabstelle in so einem Bestattungswald zu kaufen, stehe ich grundsätzlich zwiegespalten gegenüber. Alles, was beim Thema Bestattung mit der Natur zu tun hat, finde ich eigentlich sehr schön, nur führen solche Wälder zu einer totalen Homogenisierung, was die Verstorbenen anbelangt. Und in dieser Hinsicht bin ich als Ossi ohnehin ein gebranntes Kind, siehe die Bestattungskultur in der DDR. Mir ist schon klar, dass das gerade zum Konzept dieser vorrangig aus der Schweiz adaptierten Begräbniskultur dazugehört: Auf der jeweiligen Grabstelle soll nichts Persönliches zu finden sein, maximal vielleicht ein kleines Namensschild an einem Baum. Wie bei den anonymen Gräbern geht die Initiative auch hier meistens von den Verstorbenen aus, es sind vor allem die, die sterben werden, die sich einen Platz in so einem Wald aussuchen. Allein aus ökologischer Sicht ist das durchaus eine gute Idee, da garantiert wird, dass Bestattungswälder mindestens hundert Jahre als reiner Wald existieren und die Fläche nicht anderweitig genutzt werden darf. Im Tod noch etwas für den Erhalt der Bäume zu tun, ist eine Motivation, die ich nachvollziehen kann.

Schade nur, dass eine individuelle Trauerkultur, abgesehen von der Feier, in einem Bestattungswald so gut wie unmöglich ist. Auch hier finde ich es wichtig, dass man eine solche

Bestattungsform zu Ende denkt. Man sollte sich darüber im Klaren sein, dass die Idee hinter der ganzen Sache jene ist, dass der Wald auch Wald bleibt. Und kein Friedhof. Nicht selten schaute ich in enttäuschte Großstadtgesichter, weil die bei ihrem nächsten Besuch im Wald nur noch zerfetzte Reste von der hübschen Blumendekoration fanden, die sie eine Woche vorher so liebevoll am Baum drapiert hatten. Wildschweine haben nicht viel für die Ästhetik schön gebundener Blumensträuße übrig. Wildnis soll auch Wildnis bleiben. Leider ist es bislang noch nicht möglich, sich in einem Sarg im Wald bestatten zu lassen. Mein Opa, ein begeisterter Jäger, der sein halbes Leben in Wäldern verbracht hat, würde gerne im Wald beerdigt werden, möchte sich aber nicht verbrennen lassen. Wer im Wald bestattet werden will, muss Kompromisse eingehen.

Die individuelle Grabstelle

Wie man sich bettet, so liegt man. Das eigene Grab nicht anonym, sondern sehr individuell zu gestalten, hat eine lange Tradition. Friedhöfe sind voll von zum Teil sehr persönlichen Grabstätten, man muss sie nur finden, denn die überwiegende Zahl der »normalen« Gräber in Deutschland sind jene sehr klassischen, bestehend aus Grabstein, Namen, Geburts- und Todesdatum. Vielleicht noch ein kleiner Gruß der Angehörigen ins Jenseits, ein kurzer Spruch, fertig ist des Deutschen Durchschnittsgrab. Recht einfallslos, aber immer noch beliebt sind prunkvolle Grabsteine oder Grabstätten, die schon aus der Ferne das Vermögen oder die Prominenz des Verstorbenen erahnen lassen. Glücklicherweise findet auch auf diesem

Gebiet ein Umdenken statt, und das hat weniger finanzielle Gründe.

Kürzlich kam eine Familie zu mir. Der Vater dieser Familie hatte sich das Leben genommen. Die Angehörigen suchten nach einer Möglichkeit, ihm eine besondere, sehr individuelle Grabstelle zu gestalten. Allen Angehörigen war es ein wichtiges Bedürfnis, einen Ort zu haben, den sie jederzeit besuchen konnten, um dort zu trauern oder sich an den Verstorbenen zu erinnern. Nur über die konkrete Form waren sie sich noch uneins. Ich nannte ihnen Optionen, damit sie sich in aller Ruhe Gedanken machen konnten, wie das Grab auszusehen hatte. Sie kauften eine 2,20 Meter mal 2,20 Meter große Grabstelle, ein sogenanntes Doppelerdgrab. Das kostet auf einem kirchlichen Friedhof in Berlin drei- bis viertausend Euro. Auf so einer Grabstelle können vier Urnen und zwei Särge bestattet werden. Der verstorbene Vater wurde eingeäschert, und seine Urne wurde beigesetzt. Die Familie hatte erst mal Zeit, um den Schock zu überwinden und vernünftig zu trauern.

Die erste Idee war, dem begeisterten Fahrradfahrer eine Fahrradskulptur aufs Grab zu stellen. Ein halbes Jahr lang blieb es bei der Idee, ohne dass sie realisiert worden wäre, dann fand sich eine andere, wie ich finde, viel schönere Lösung. Um seine Tochter, die eine Lese- und Rechtschreibschwäche hatte, fürs Lesen und Schreiben zu begeistern, hatte dieser Mann einst eine Brieffreundschaft mit seinem Kind angefangen. Jahrelang schrieben sich Vater und Tochter Briefe. Also besorgte die Familie im Baumarkt einen Briefkasten und stellte den auf das Grab. Jeder, der dieses Grab besucht, ist dazu eingeladen, einen Brief an den Verstorbenen mitzubringen und einzuwerfen. Einmal im Jahr wird der Briefkasten geleert.

Abgesehen davon, dass das eine rührende Idee ist, finde ich solche Projekte auch aus anderen Gründen wunderbar. Das Ganze hat diese Familie in ihrer Trauer zusammengebracht, gemeinsam haben sie sich – ohne Zeitdruck – Gedanken gemacht, gemeinsam haben sie eine Lösung gefunden, von der sie alle etwas haben. Um einen Weg aus der Trauer zu finden, ist so etwas sicherlich nicht verkehrt. Gleichzeitig stellte die Großmutter, die sich eigentlich schon für eine anonyme Bestattung entschieden hatte, fest, dass auch sie gerne so begraben und verewigt werden möchte. Es hat die ganze Familie sensibler beim Umgang mit der Trauer gemacht. So eine Idee muss nicht teuer sein. Einen einfachen Briefkasten gibt es im Baumarkt schon für zwanzig Euro. Zwar muss die Installation genehmigt werden, aber Friedhofsverwalter lassen mit sich reden.

Sehr beliebt sind auch individuelle Grabsteine. Natürlich kann man Unsummen für Steine aus dem Steinbruch ausgeben oder versuchen, es mit seinem Gewissen auszumachen, dass man sich online für ein kostengünstigeres Exemplar entschieden hat, das aber sehr sicher von indischen Kinderhänden bearbeitet wurde. (Googeln Sie mal »Grabstein« und »Kinderarbeit«, ich garantiere, dass Ihnen schlecht wird.) Man kann aber auch einfach aufs Land fahren, sich einen Stein ins Auto packen, das Ding sauber machen und mit wasserfester Farbe bemalen. Nur so eine Idee. Letztlich müssen alle Hinterbliebenen ihre eigene Antwort auf die Frage finden, wie die Grabstelle des Verstorbenen aussehen soll. Natürlich spielen dabei auch die Kosten eine Rolle. Aber in den meisten Fällen war weniger das Finanzielle als das Emotionale Triebfeder für eine Entscheidung. Was es dann braucht, ist vor allem Zeit. Es ist schon mal vorgekommen, dass ich mit Kunden vierzehn Tage lang auf Friedhöfen unterwegs war, damit sie sämtliche Möglichkeiten in Betracht ziehen, alles ausloten und sich inspirieren lassen konnten – und natürlich um den passenden Friedhof zu finden.

Das Geld für ein Doppelerdgrab muss man allerdings erst mal aufbringen. Und dazu kommen ja noch die Kosten für den Bestatter, Blumen, eventuell Musik und Leichenschmaus (siehe Kapitel 9: Tanzen auch auf Gräbern). Es ist gesetzlich vorgegeben, seine Angehörigen auf einem Friedhof bestatten zu lassen, gleichzeitig kann das sehr teuer sein. Und wirkliche preisliche Alternativen gibt es bislang nicht. Warum eigentlich nicht? Gut möglich, dass die 3600 Euro für das Doppelgrab auf einen Schlag zu viel für Familie Schulze sind (auch wenn die sechzig Euro monatlich bei einer Ratenzahlung über fünf Jahre machbar wären). Stattdessen wird sie sich schweren Herzens für eine günstigere Variante entscheiden, die dann im Zweifel vielleicht keinen Platz für Briefkästen oder Fahrradskulpturen bietet.

In dieser Hinsicht sollte sich auf deutschen Friedhöfen sehr schnell etwas ändern, ich finde das Festhalten an alten Preismodellen falsch und unfair. In der Schweiz hat sich eine Initiative dafür eingesetzt, dass Kommunen die vielen Leerflächen auf den Friedhöfen kostenlos als Grabstellen abtreten sollen. Warum nicht? Alle Ideen, die dafür sorgen, dass Menschen gerne auf Friedhöfe gehen und dass Friedhöfe ihren schlechten Ruf verlieren, sind willkommen. Rammstein-Keyboarder Flake hat mir in einem Interview für meinen Podcast vom Leise-Park erzählt. Den gibt es seit 2012, eine Anlage auf einem ehemaligen Friedhof in Prenzlauer Berg, wo heute Grabstellen, Spielplätze, ein Rundweg, ein Lehrpfad und Liegewiesen miteinander kombiniert sind. Der Rest des weiter genutzten Friedhofs ist lediglich mit einem kleinen Zaun vom Rest des Parks abgetrennt. Es lassen sich ähnliche tolle Projekte anführen, zum Beispiel jenes mit Imkern, die zusammen mit Kindergärten Imkerwagen auf Friedhöfen pflegen – für diese Kinder ist der Gang auf den Friedhof das Normalste der Welt.

Die gesetzliche Ruhefrist, der Zeitraum, in dem ein Grab nicht neu belegt oder verlegt werden darf, beläuft sich in einigen Bundesländern auf zwanzig Jahre. Daran gibt es aktuell nichts zu rütteln, und das verstehe ich nicht. Warum wird es einem nicht leicht gemacht, wenn man umzieht und Gräber umbetten möchte? Warum muss man heute erst eine individuelle Begründung für eine solche Umbettung verfassen und darauf hoffen, dass einem der Friedhofsverwalter entgegenkommt? Wie lange wir wo leben, hat sich doch längst verändert, nur für die Friedhöfe scheint das noch keine Rolle zu spielen. Wie schwer kann es bitte sein, unterschiedliche Ruhefristen anzubieten, beispielsweise über 5, 10, 15 oder 20 Jahre? Gerade das ist es doch, was sich die Leute wünschen: dass sich Menschen um die Gräber ihrer Verstorbenen kümmern. Wenn nun aber jemand genau das tun möchte, allerdings seinen Lebensmittelpunkt von Berlin nach München verlegt, warum wird ihm eine Umbettung dann so schwer gemacht, und warum muss er im »Erfolgsfall« doppelt zahlen: für die bereits bezahlte Frist und das neue Grab?

Menschen wollen ihre Toten in ihrer Nähe wissen. Einer der Hauptgründe, warum meine Oma nicht von Rostock nach Berlin zieht, ist der, dass in Rostock ihr Mann begraben liegt. Selbst wenn sie sich eine Umbettung wünschen würde, wäre das wegen der anonymen Bestattung nicht möglich. Da müsste schon ihr Enkel in einer Nacht- und Nebelaktion über den Friedhof streifen und Urnengräber ausgraben.

Eine richtige Schande ist es, wie mit Grabstellen nach Ablauf der Ruhefrist verfahren wird. Es gibt keine rechtzeitige Information darüber, dass die Frist bald abläuft. Auch nach zwanzig Jahren ist eine Urne heute noch ziemlich gut erhalten. Was passiert nun mit ihr, wenn man nicht rechtzeitig die Frist um weitere zwanzig Jahre verlängert hat? Sie geht nicht etwa in den Familienbesitz über, damit man Omas Überreste im Garten vergraben kann, sondern sie wird in ein Massengrab gelegt. Mehr als einmal habe ich Menschen begleitet, die irgendwann nur noch ein entsprechendes Hinweisschild auf der Grabstelle fanden. Ist das eine würdevolle Behandlung?

Alle Friedhöfe und Friedhofsverwalter müssen sich an dieselben Vorschriften halten. Und doch gibt es Friedhöfe, die liebevoll-kreativ angelegt sind, die dem Besucher das Gefühl vermitteln, willkommen zu sein, und Friedhöfe, auf denen das nicht der Fall ist. Niemand verpflichtet Friedhofsverwalter dazu, sich Mühe zu geben. Aber wir sind dazu verpflichtet, auf Friedhöfen bestattet zu werden. Das ist kein Zustand, der so bestehen bleiben kann. Und es ist ein Problem, das uns alle betrifft. Bestattet werden muss schließlich jeder.

9. Kapitel

Tanzen auch auf Gräbern

Von Beerdigungen haben wir ganz bestimmte Bilder im Kopf. Wir denken an Menschen in Schwarz, einen mit Blumen geschmückten Sarg oder eine Urne, ein gerahmtes Foto, eine Rede, in der das Leben des Verstorbenen gewürdigt wird, traurige Orgelmusik, vielleicht Kirchenlieder, Erde, die auf Särge klatscht, Blumen, die in eine Grabstelle geworfen werden, Hinterbliebene, die kondolierenden Gästen die Hände schütteln, Menschen beim Leichenschmaus. Bücher, Filme, Fotos, Zeitungsberichte haben diese Bilder in unser Gedächtnis gehämmert. Fast jede Trauerfeier läuft so ab.

Solche Zeremonien können Menschen Sicherheit geben. Häufig führen sie aber auch dazu, dass die Leute sich sehr unwohl auf Beerdigungen fühlen oder von der Spießigkeit und Langeweile abgestoßen werden. Weil sie solche Beerdigungen unpersönlich finden und auf ihnen nie wissen, wohin mit sich. Mit Bestattungen ist es wie mit Friedhöfen: Sie können schön oder hässlich sein. Die Frage ist nur, welchen Aufwand man bereit ist zu betreiben und wie es mit der emotionalen Intelligenz ausschaut.

Ich betreute eine Familie, die sich während der ersten Phase der Abschiednahme sehr ins Zeug legte. Die sich sehr liebevoll umeinander kümmerte und dabei gemeinsam das Ziel verfolgte, den Verstorbenen so gut wie möglich zu verabschieden. Auf der Beerdigung erwartete ich deshalb Action. Musik, Bilder, Videobotschaften, emotionale Reden, ein Meer von Blumen. Am Ende saßen wir mit acht Stühlen um die Urne herum, im Hintergrund lief leise sphärische Musik. Ich bereitete mich schon darauf vor, mit irgendeiner Aktion etwas mehr Emotionalität reinzubringen, als der erste Trauergast aufstand, zur Urne ging, dort verharrte, ein paar Tränen vergoss und sich wieder setzte. Auch alle anderen standen auf, jeder nahm auf ganz stille, persönliche und berührende Art und Weise vom Toten Abschied.

Es war eine der schönsten Trauerfeiern, die ich je erlebt habe. Das Gefühl, das von diesem kleinen Stuhlkreis ausging, war so intensiv, wie ich es bis heute nicht wieder erlebt habe. Die Familie hatte einen wunderschönen, weil für alle Anwesenden so passenden Weg gefunden, sich zu verabschieden. Und mir wurde mit ganz dicker Marmelade aufs Brot geschmiert, dass für schöne Trauerfeiern gar nicht so viel nötig ist, wie ich immer gedacht hatte. Dass weniger manchmal mehr ist. Gerade wenn es um so intime Momente wie eine Bestattung geht. Und dass man sich das Wenige aber auch erst mal trauen muss.

Es ist eine besondere Aufgabe herauszufinden, wie der Abschied schließlich aussehen soll. Sich trauen, auf das zu hören, was einem selbst gut tut, wenn ein geliebter Mensch gestorben ist, ist eine Kunst für sich. Man braucht Zeit dafür. Um zu überlegen, ob man wirklich ein Foto aufstellen will, ob wirklich gesprochen werden soll, ob es wirklich die Livemusik sein muss.

Die Aufgabe eines Bestatters ist es, in der Ausnahmesituation Räume zu bieten und Denkanstöße zu geben. Meistens rate ich den Menschen: Geht nach Hause, schlaft zweimal drüber und überlegt es euch in Ruhe. Wie soll man denn auch vernünftige Entscheidungen fällen, wenn Oma erst vor einem halben Tag verstorben ist?

Niemand möchte sich vorwerfen lassen, eine Trauerfeier initiiert zu haben, von der die Menschen anschließend denken: Irgendwie war das ganz schön wenig. Viele Menschen, die zu uns kommen, haben Angst davor, eine Feier zu organisieren, die nicht liebevoll oder nicht angemessen genug ist. Und in ihrer Angst und Verwirrung tendieren sie dazu, eher zu viel als zu wenig zu machen. Zumal unsere Gesellschaft beim Trauern zu weiten Teilen Fetischen huldigt, wovon vor allem die Trauerindustrie profitiert.

Nicht jede Familie stellt ein paar Stühle um die Urne herum auf, viel häufiger erlebe ich das klassische Überangebot, und das kann richtig ins Geld gehen. Man kann einen Musiker buchen oder gleich ein ganzes Streichquartett (ca. 900 Euro), einen Trauerredner beauftragen (ca. 200 Euro) oder in die Blumendekoration investieren. Für einen hochwertigen Kranz ist man schnell 200 Euro los, Gleiches gilt für die Sargdecke aus Blumen, im Preis inbegriffen ist da noch nicht die Deko in der Kapelle. Plus Essen und Trinken beim Leichenschmaus. Vielleicht noch ein großes gerahmtes Bild. Ein professionell bearbeitetes Video mit Aufnahmen vom Verstorbenen. Und manche Bestatter schreiben es sogar auf die Rechnung, wenn sie ein paar Kerzenständer aufgestellt haben. Es gibt so viel, wofür man sein Geld ausgeben kann, aber auch das ist ja eine sehr persönliche Entscheidung. Deshalb will ich an dieser Stelle auch aufhören, über Geld zu sprechen, es ist in diesem Zusammenhang so wenig fassbar.

Allerdings gibt es auch keine Formel dafür, wie man auf einer Trauerfeier eine Atmosphäre der ganz persönlich gefärbten und ehrlichen Emotionalität erzeugt. Die Grundlage für solche Gefühle muss schon gegeben sein. Bei einem Familien- oder Freundeskreis, der sich nicht warm ist, nutzt der beste Bestatter nichts. Mir geht es bei meiner Arbeit eher darum, die Angehörigen bei dieser Suche nach einer passenden Verabschiedung zu unterstützen. Das betrifft nicht immer nur die engsten Familienmitglieder, sondern auch Trauergäste aus der dritten oder vierten Reihe. Auf einer Trauerfeier wissen die meisten Menschen gar nicht, wie sie sich zu verhalten haben, jeder kennt diese beklommene Stimmung. Es gibt Möglichkeiten, dem entgegenzuwirken und einen Rahmen zu schaffen, in dem sich jeder willkommen fühlt.

Jede Trauerfeier braucht mindestens eine Person, die die Verantwortung übernimmt, den Gästen den Ablauf erklärt oder Oma den Weg zur Toilette. Dabei muss ich immer wieder an diesen jungen sympathischen Serben denken, der noch nie auf einer deutschen Trauerfeier war und mich fragte: »Wie sind denn hier die Spielregeln?« Die stellen letztlich die engsten Angehörigen auf, die Aufgabe des Bestatters ist es, gemeinsam mit ihnen Mittel und Wege zu finden, eine schöne Trauerfeier zu organisieren, bei der sich niemand unwohl fühlen muss, sondern einfach da sein und trauern darf.

Es gilt, wie so häufig beim Thema Tod, einen guten Mittelweg zu finden, der beiden Seiten gerecht wird, in diesem Fall den engen Angehörigen und den Trauergästen. Wer vorab nicht richtig kommuniziert, dass eine Kondolenz nicht erwünscht wird, wird die Beisetzung angesichts der hundert geschüttelten Hände vermutlich als Qual empfinden. Wer sich als Gast fehl am Platz fühlt und nicht richtig weiß, wohin mit sich, dem wird es ähnlich ergehen. Um das zu vermeiden, gibt es allerdings viele schöne Möglichkeiten.

Es ist wichtig, sich die Zeit und den Raum zu geben, einen Rahmen zu schaffen, in dem nicht nur die verstorbene Person auf angemessene Weise gewürdigt werden kann, sondern in dem auch – und vor allem – den Hinterbliebenen Trost gespendet und dafür gesorgt werden kann, dass der Tag der Bestattung bei aller Trauer trotzdem ein schöner Tag wird. Ein Tag, an den man sich noch lange erinnern wird. Familien und Freundeskreis haben in dieser Hinsicht meist das beste Gefühl dafür, wie das zu schaffen ist.

So wie die Angehörigen jenes Mannes um die fünfzig, die erst anhand der CD-Sammlung des Verstorbenen feststellten, dass der offenbar ein großes – und über all die Jahre geheim gehaltenes – Faible für sehr experimentellen Metal hatte. Und ich meine, wirklich experimentell, Songs, bei denen in zwölf Minuten keine zwei Taktarten wiederholt wurden. Der Mann muss Abende und Nächte mit Kopfhörern verbracht haben. Um ihren toten Angehörigen zu ehren, entschied die Familie, während der Trauerfeier eine halbe Stunde seinen liebsten Songs zu lauschen. Ein gewaltiges Opfer, denn die Musik war wirklich sehr schwer zu ertragen. Und so sah ich sie am Tag der Feier tapfer dasitzen, während die verborgene Leidenschaft des Toten in den Ohren schmerzte. Aus Liebe und aus Respekt. Eine wunderbare Idee.

Einmal entwickelten wir gemeinsam mit der Floristin eine sehr schöne Idee für eine Trauerfeier, bei der noch etwas gefehlt hatte. Vorne, neben der Urne, stellten wir einen Weidenkorb mit Steckmasse für Floristen auf, am Eingang bekam jeder Gast eine Blume in die Hand und das Konzept erklärt: Jeder Trauergast sollte nach vorne gehen und den Blumenkorb für den Verstorbenen mitgestalten. Bei so etwas macht jeder mit, und noch die konservativste Oma findet so einen von vielen Händen zusammengestellten Blumenkorb wunderschön. Rosen in eine Grube werfen, machen doch auch alle anderen.

Oder wir bitten alle Anwesenden, mit Fingerfarbe einen Fingerabdruck auf der Urne zu hinterlassen. Und am Ende stehen dann alte Damen, die eigentlich nichts miteinander zu tun haben, vor der Urne nebeneinander und helfen sich gegenseitig, mit Taschentüchern die Farbe von den Fingern zu wischen. Erinnert sei hier auch an den verstorbenen Trinker, der Bierdeckel gesammelt hatte. Bei seiner Beerdigung bekam jeder Gast am Eingang einen Bierdeckel aus seiner Sammlung und hält den vermutlich bis heute in Ehren. Wie Sie in meinem Testament lesen können, möchte ich nach meinem Tod meine Schallplattensammlung auflösen, und die Vorstellung, dass nach meiner Bestattung jeder mit zwei meiner Platten unter dem Arm nach Hause geht, gefällt mir schon jetzt. Die Anwesenden mitgestalten lassen, ihnen das Gefühl vermitteln, dazuzugehören, ist eine wunderbare Möglichkeit, auf besondere Weise Abschied zu nehmen. Simple Maßnahmen schaffen Gemeinschaft und tragen dazu bei, dass die Anwesenden das Gefühl haben, ein Teil dieser Verabschiedungszeremonie zu sein und nicht einfach nur Statisten.

Um Menschen bei der Suche nach Ideen für eine besondere Trauerfeier auf die Sprünge zu helfen, greife ich manchmal in die Trickkiste: Ich erzähle ihnen von Feiern, die sie so vermutlich nicht gestalten würden. Der wenig musikalischen Familie berichte ich von einer anderen Familie, die mit allen Trauergästen angefangen hatte zu singen. Das wäre nichts für sie gewesen, aber sie fühlten sich irgendwie in der Verantwortung, nun selbst eine ähnlich persönliche Note in den Ablauf der Feier zu bringen. Weil der Verstorbene ein Philologie-Professor war, lasen seine Angehörigen schließlich von ihm übersetzte Texte vor. Eine ebenso persönliche wie intime Idee.

Wie intim es auf einer Bestattung wirklich werden soll, bestimmen die engsten Angehörigen. Einmal wurde ich von der Beisetzung ausgeladen und war fast schon pikiert, bis mir eine Frau ganz freundlich erklärte, dass zum Abschied Gedichte vorgelesen werden sollen, und das im engsten Kreis. Natürlich gehörte ich da in dem Moment nicht hin. Als ich das begriffen hatte, fand ich die Maßnahme bewundernswert und genau richtig. Was es offenbar auch für die Angehörigen war, denn später erhielt ich eine Mail der Dame, die mir davon berichtete, wie wichtig allen diese Trauerfeier gewesen war.

Dabei ist die eigentliche Trauerfeier nur ein kleiner Teil des gesamten Trauerprozesses. Je intensiver dieser Prozess vorher mitgestaltet wurde, desto mehr wird die Trauerfeier zu einem Puzzlestück unter vielen. Was sind denn auch die dreißig Minuten in einer Friedhofskapelle, wenn man dabei war, als der Mensch starb, oder ganz alleine zwei Stunden Abschied nehmen durfte? Die Trauerfeier ist vor allem für die zweite, dritte und vierte Reihe der Trauernden wichtig. Die wirklich bedeutsamen Momente im Trauerprozess sind für enge Familienmitglieder oder Freunde meist andere. Auch deshalb ist es durchaus üblich, Trauerfeier und Akt der Beisetzung zeitlich (oder räumlich) voneinander zu trennen, also die Feier als eine Einladung an jeden zu sehen, der sich noch einmal vom Toten verabschieden will (Kollegen, Mitspieler, Saufkumpane), und die Beisetzung in einem sehr intimen Kreis abzuhalten. Damit jeder sagen kann: Ich hatte meinen Moment mit dem Verstorbenen. So eine Trennung hat sich oft bewährt, ist letztlich aber auch wieder eine Kostenfrage.

In den meisten Städten ist eine Beerdigung auf zwanzig bis dreißig Minuten angelegt, das ist nicht viel. Vor allem dann nicht, wenn – wie es zum Beispiel auf Berliner Friedhöfen an der Tagesordnung ist - draußen schon die nächste Trauergesellschaft mit den Hufen schart. Ich rate Menschen, die es sich finanziell leisten können, wenn möglich eine sogenannte Doppelfeier zu buchen. Die kostet das Doppelte, aber die zusätzliche halbe Stunde ist meist viel mehr wert. Schon allein deshalb, weil man so eine Trauerfeier und die dort entstehenden Situationen nicht wirklich bis ins kleinste Detail durchplanen kann. Was soll man machen, wenn ein Familienmitglied zehn Minuten am offenen Sarg stehen bleibt und nicht aufhören kann zu weinen? Es ist ein großer Luxus, wenn man sich den nötigen Spielraum für die Bestattung gönnen kann. Übrigens muss so eine Trauerfeier nicht zwingend auf einem Friedhof stattfinden. Es ist durchaus möglich, woanders zusammenzukommen und anschließend die Urne oder den Sarg zur Grabstelle bringen zu lassen.

Ein wichtiges Element von vielen Trauerfeiern sind Reden. Falls Sie noch einen Nebenjob suchen, googeln Sie mal den Begriff »Trauerredner«. Ich kenne Redner, die pro Auftritt mehr als dreihundert Euro bekommen und regelmäßig zwei oder drei Termine am Tag haben. Das kann sicherlich eine gute Investition sein, ich finde es dennoch recht unpersönlich. Kein noch so wortgewandter Redner der Welt kann es doch mit einem Familienmitglied oder Freund aufnehmen, der da vorne steht und versucht, seine Tränen zu unterdrücken, während er davon erzählt, was den Verstorbenen zu so einem besonderen Menschen gemacht hat.

Das Schlimmste, was ich in Sachen Reden erleben musste, war eine vom Band. Die dann natürlich so aufgebaut war wie jede andere x-beliebige Trauerrede. Ich kann diese Ansprachen, bei denen das Leben des Toten noch einmal nacherzählt wird, nicht mehr hören – das kennt doch eh schon jeder, und außerdem reichen die paar Minuten dafür gar nicht aus. Ich sage den Menschen, die zu uns kommen: Wenn ihr eine schöne Trauerfeier haben wollt, dann müsst ihr euch und andere dazu animieren, etwas Persönliches einzubauen. Wie zum Beispiel ein paar Worte über die Bierdeckelsammlung oder den verrückten Musikgeschmack und was das alles über den verstorbenen Menschen aussagt. Und es muss ja nicht immer eine Rede sein: Unvergessen ist jene Trauerfeier, bei der jeder Gast aufgefordert war, einen kleinen Brief an die verstorbene Oma zu schreiben, die bei der Beerdigung gesammelt und später beim Leichenschmaus ausgelegt wurden. Oma hätte sich sicherlich sehr gefreut. Die Lebenden taten es auf jeden Fall.

Interview:
Flake über seine Beerdigung

Christian »Flake« Lorenz, geboren am 16. November 1966 in Ost-Berlin, ist Keyboarder der Band Rammstein. Außerdem hat er zwei Bücher veröffentlicht. 2015 erschien Der Tastenficker: An was ich mich so erinnern kann, *2017 folgte* Heute hat die Welt Geburtstag. *Flake lebt in Berlin.*

Flake, wann hast du dich zuletzt mit dem Thema Tod beschäftigt?
Je älter man wird, desto häufiger ist der Tod ein Thema. Und ich stelle bei fast jeder Beerdigung fest, wie unwohl ich mich eigentlich auf Beerdigungen fühle. Man weiß einfach nie, wie man sich angemessen verhalten soll. Die meisten meiner Freunde und Bekannten waren oder sind Punks. Da gehört es natürlich dazu, sich auf Friedhöfen nicht immer an die Gepflogenheiten zu halten, sondern Bier zu trinken, laut zu sein oder Musik zu hören. Wenn dann aber die Eltern und Familienmitglieder mit dabei sind und man das Gefühl hat, dass dieses Verhalten sie in diesem intimen Moment stört, finde ich das ziemlich unangenehm. Meistens waren die Beerdigungen aber eh spießiger, als ich angenommen hatte. Was auch nicht sonderlich toll war.

Was für Fehler kann man auf einer Beerdigung machen?
Wenn niemand da ist, der sich um den Ablauf kümmert, wird es schwierig. Wie bei der Beerdigung von »Tschaka« Schacker von der Ichfunktion, auch er ein Punk. Niemand fühlte sich zuständig, seine Mutter war überfordert, es gab keine richtige Zeremonie, und alle standen ratlos um den Friedhofsangestellten herum, der die Urne in seinen Händen hielt. Irgendwann fing ein Mädchen an zu singen, das war

schön, aber viel zu leise. Die Nicht-Organisation machte diesen Tag
noch schlimmer, als er ohnehin schon war.

Wie möchtest du beerdigt werden?

Ich habe mir schon einen Baum in einem Begräbniswald gekauft. Aber
der Wald ist zu mir gekommen, nicht ich zu ihm: Weil wir in Prenzlauer
Berg gegenüber einem Friedhof wohnten, als ich klein war, ist eine
meiner ersten Erinnerungen der Blick vom Balkon auf den Friedhof. Ich
konnte von da oben die Bestattungen beobachten. Dreißig Jahre nach
dieser Erinnerung zog ich aufs Land. Und der Wald gegenüber meinem
Haus ist heute ein Begräbniswald. Ich finde es hundertmal schöner, in
einem Wald beerdigt zu werden, als auf einem klassischen Friedhof. Da
habe ich meine Ruhe.

In solchen Wäldern werden allerdings nur Urnen beigesetzt, du müsstest dich also verbrennen lassen.

Das ist schon okay. Bei einer Beerdigung ist der Tote doch der Unwichtigste. Ich möchte, dass es meine Angehörigen so stressfrei wie möglich haben, wenn ich mal tot bin. Ich kann darüber auch ganz offen mit
meiner Frau sprechen. Wir fragen einander lieber, statt nicht zu fragen.

Welche Erinnerung soll von dir mal bleiben?

Schwierige Frage. Macht man nicht auch deshalb Musik, damit man
seiner Nachwelt etwas hinterlässt, weil man Angst davor hat zu sterben, ohne dass etwas von einem bleibt? Seinen Abschied geben, ist
dabei das Unwichtigste. Ich brauche kein Denkmal. Entscheidend ist
das, was man zu Lebzeiten gemacht hat und nicht, wenn man tot ist.

Welche Musik soll auf deiner Trauerfeier gespielt werden?

Darüber habe ich schon häufiger nachgedacht. Ich vermute mal, dass man bei meiner Beerdigung mindestens einen Song von Rammstein erwartet. *(Lacht.)* Wenn, dann kämen vermutlich Songs wie »Ohne Dich« oder »Heirate mich« infrage. Irgendein jutes Rammstein-Lied. Aber eigentlich ist mir das scheißegal. Die Leute sollen das spielen, womit sie sich wohlfühlen. Und eigentlich will ich auch nicht, dass meine Bandkollegen an dem Tag arbeiten. Die sollen sich lieber eine gute Zeit machen. Von mir aus auch bei Musik von Modern Talking. So eine Beerdigung soll doch eigentlich dazu da sein, dass es sich die Hinterbliebenen schön machen.

Wie findest du Friedhöfe?

Deutsche Friedhöfe machen mir Angst. Alles ist so schön gepflegt, und über die geharkten Wege schleichen diese bösen Spießeromas mit ihren Gießkannen. Ich fühle mich da bedroht wie in einem Neubauviertel. Da will ich nicht sein, und da will ich auch eigentlich nicht meine Eltern besuchen.

Wie müsste ein Friedhof aussehen, damit du dich wohlfühlst?

Das sollte ein Ort sein, wo Kinder spielen dürfen und nicht das Gefühl haben, leise sein zu müssen. Ich verstehe bis heute nicht, warum man auf Friedhöfen leise sein muss, wenn da nur Tote liegen.

10. Kapitel

Shine On You Crazy Diamond

Wenn wir sterben, hinterlassen wir der Welt zweierlei. Das *Erbe* begreife ich als rein materiellen Nachlass – wer bekommt das Haus, die Autos, die Aktienanteile? Das *Vermächtnis* ist für mich das, was ich als Lebenswerk hinterlassen möchte, was ich meinen Kindern mit auf den Weg gebe. Was mal von mir bleiben soll, wenn ich nicht mehr da bin.

Über mein Erbe habe ich mir bereits Gedanken gemacht. Über mein Vermächtnis noch nicht. Ich bin noch nicht so weit, dass ich mich mit dem Ende meines Lebens beschäftige und damit, wie mich die Menschen in Erinnerung behalten sollen. Und gleichzeitig ist dieses Buch doch eigentlich schon eine Form von Vermächtnis. Ich möchte, wie vermutlich jeder andere, dass ich wahrgenommen werde, auch über meinen Tod hinaus, dass mein Wirken auf dieser Welt eine Wirkung zeigt. Wrede? Das war doch der Typ, der Bestatter wurde und dauernd über den Tod gequatscht hat!

Wir können Einfluss darauf nehmen, wie und was wir hinterlassen wollen. Wie wir erben oder vererben, dafür gibt es gesetzliche Grundlagen. Vererbt wird, wie im Testament vorgesehen. Ansonsten erben die Kinder und Ehepartner – das Geld soll in der Familie bleiben. Schwieriger ist es da schon mit unserem emotionalen Nachlass. Die Frage muss lauten: Was kann ich zu Lebzeiten mit dem, was ich besitze, bewirken, damit eine Wahrnehmung entsteht, die ich mir so auch vorgestellt habe. Und jeder Mensch hat etwas, das er nach seinem Tod weitergeben kann. Künstler rufen Stiftungen ins Leben, um die Kunst weiter zu fördern, die ältere Dame, die bei uns saß und sich selbst als »arm wie 'ne Kirchenmaus« beschrieb, hatte tatsächlich nicht viel, aber die komplette Buchreihe von Alexander Wolkow, einem russischen Schriftsteller, der für seine Kinderbücher bis heute gefeiert wird. Keine Ahnung, wie wertvoll diese Reihe war, aber für die Dame hatte sie eher einen emotionalen Wert. Einen Tag nach ihrem Tod stand ihre beste Freundin mit einem Karton voller Wolkow-Bücher vor uns und bat im Auftrag ihrer Freundin darum, dass wir die Bücher in Zukunft an Kinder verteilen, die jemanden verloren haben. Das war ihr Vermächtnis.

Gerade wenn es um das Thema Erbe bzw. Vermächtnis geht, finde ich, dass es durchaus Möglichkeiten gibt, die Welt besser zu machen. Das gilt in materieller Hinsicht – allein 2016 wurden in Deutschland 109 Milliarden Euro verschenkt oder vererbt –, aber vor allem auf emotionaler Ebene. Wenn sich jeder vor seinem Tod vornimmt, der Welt noch etwas Gutes zu hinterlassen, dann hat das doch eine gewaltige Wirkung. Und sei es eine Kinderbuchreihe.

Ob wir etwas erben, was wir erben, was wir nicht erben und wie wir erben, kann unterschiedliche Auswirkungen haben. In keinem Fall sollte man unterschätzen, wie man mit so einem

Erbe das Leben und die Existenz derjenigen beeinflussen kann, die das Erbe antreten. Etwas zu erben, ist in unserer Gesellschaft der häufigste Weg, reich zu werden. Ich habe viele Freunde, für die es ganz normal ist, dass sie Häuser, Wohnungen oder Kapital erben bzw. erben werden. Ich wünsche das jedem, aber es macht einen Unterschied, ob ein Mensch ganz genau weiß, dass er nie am Hungertuch nagen muss, ohne irgendetwas dafür zu tun, oder ob er sein Leben lang für seine Existenz kämpfen muss. Damit kommt nicht jeder klar, und es gibt zu viele Geschichten von Menschen, denen so ein Erbe nicht gut tat, oder die damit verantwortungslos umgingen. Es ist ähnlich wie bei den Geschichten von Neid und am Geld zerbrochenen Freundschaften.

Gerade wer viel hat, kann ja auch viel ausgeben. Die Frage ist nur: wofür? Mit Geld lässt sich sehr viel Gutes tun. Der viele Jahre reichste Mensch der Welt, Bill Gates, ist heute längst einer der größten Wohltäter und Initiator der in den USA weithin bekannten »The Giving Pledge«-Bewegung, bei der reiche Menschen einen Großteil ihres Geldes in soziale Stiftungen, Fonds oder Initiativen stecken, Schulen, Universitäten und Museen fördern, kurz: mit ihrem vielen Geld etwas Sinnvolles anstellen wollen. Nicht nur wer reich ist, kann etwas vererben bzw. hinterlassen, wohltätige Einrichtungen freuen sich über jede Spende. Nehmen wir die genannten 109 Milliarden Euro. Wären davon nur zehn Prozent gespendet worden, wäre das eine gigantische Summe. Andere Länder wie die USA oder die Schweiz sind uns in dieser Hinsicht weit voraus, dort geht man viel bewusster mit seinem Vermögen oder Erbschaften um.

Geld bedeutet auch immer Macht und die Möglichkeit, Macht über andere auszuüben. Zum Beispiel, wenn Sohn

Nummer zwei deutlich weniger vererbt bekommt als Sohn Nummer eins. Ich habe das oft erlebt. Was macht das wohl mit den Brüdern? Wie verändert sich ihre Beziehung, wie verändern sie sich? Was hinterlässt ein Mensch, wenn er vor seinem Tod so eine Regelung trifft? Es geht nicht so sehr um das Erbe an sich und die rein materiellen Auswirkungen, sondern vor allem um die emotionalen Wunden.

Einmal hatte ich eine Familie vor mir sitzen, darunter drei erwachsene Kinder. Der Vater war bereits vor einiger Zeit gestorben, nun war eines seiner insgesamt vier Kinder ebenfalls tot und sollte bestattet werden. Während des Gesprächs stellte ich schnell fest, dass irgendetwas nicht stimmte mit den drei Geschwistern. Immer dann, wenn ich die anfallenden Kosten für bestimmte Leistungen nannte, zuckte einer von ihnen zusammen. Er war es auch, der die meisten Fragen hatte, als es um den Nachlass ging. Später erfuhr ich, was passiert war. Im Zuge der Beerdigung ihres Geschwisterteils hatten die drei erfahren, dass ihr Vater einen von ihnen in seinem Testament auf den gesetzlichen Mindestanteil zurückgestuft hatte, ohne davon vor seinem Tod zu erzählen. Es handelte sich um jenen Mann, der in unserem Gespräch so häufig zusammengezuckt war. Die Botschaft war deutlich: Für mich bist du ein Familienmitglied, das weniger wert ist, als die anderen. Ich möchte mir nicht vorstellen, was das für ein Gefühl sein muss. Und letztlich trieb diese kleine Änderung im Testament einen Keil in diese Familie. Wie traurig ist das denn? Unser Erbe ist also durchaus ein Machtinstrument, das es vernünftig einzusetzen gilt. Man kann auch sehr viel Schaden damit anrichten.

Vor allem dann, wenn man sich gar nicht drum kümmert. Es passiert leider sehr häufig, dass selbst Menschen, die wissen, dass sie bald sterben werden, diese Tatsache einfach negieren und sich keine Gedanken darum machen, was von ihnen wie und wo bleiben soll und was passiert, wenn sie mal nicht mehr da sind. Im schlimmsten Fall kann das eine ganze Familie ins Unglück stürzen. Um seine Hinterlassenschaften muss man sich kümmern, wenn man das verhindern möchte. Man sollte wissen, dass selbst Ehepartner nicht an das Konto des Verstorbenen heran dürfen, wenn der das nicht vorab geregelt hat.

Es gibt noch immer viele Lebensgemeinschaften, bei denen sich nur ein Teil um die Finanzen und die Finanzierung kümmert und der andere Teil sich vorrangig um das Zuhause und die Familie sorgt. Ich hatte eine Frau bei uns, die mit einem Mann verheiratet war, der gutes Geld verdiente, sich aber um nichts gekümmert und kein Testament hinterlegt hatte, obwohl er wusste, dass er sterben würde. Zugang zu seinem Konto hatte die Frau nicht, die Finanzen hatte immer er geklärt. Um ihren gesetzlich zustehenden Anteil zu bekommen, musste sie auf die Ausstellung des Erbscheins warten. Der wird erst dann vom Nachlassgericht ausgegeben, wenn auch wirklich die komplette mögliche Erbfolge des Verstorbenen aufgestellt und der Nachlass verrechnet wurde. Und das dauert. Diese Frau, Mutter von drei Kindern mit einer Halbtagsstelle im Kindergarten, konnte ihre Rechnungen nicht mehr bezahlen und musste sich Geld leihen, ehe sie endlich den Erbschein bekam und damit zumindest eine finanzielle Grundlage für sich und ihre Familie. In Kombination mit der Verlustsituation kann so etwas Existenzen angreifen bzw. zerstören. Ich frage mich: Ist es nicht schon eine Art Vermächtnis, wenn man sich rechtzeitig mit dem Gedanken befasst, dass man nach dem Tod so wenig Probleme und Unklarheiten wie möglich hinterlässt?

Ich bin mit meiner Freundin nicht verheiratet. Sie bekommt bald ein Kind, wir leben und wohnen zusammen und haben einen Hund. Stand jetzt, würde, wenn ich nichts geregelt hätte und morgen sterben würde, lediglich mein erstgeborenes Kind Anspruch auf mein Erbe haben. Meine Freundin würde gar nichts bekommen. Außer Probleme, denn die gemeinsame Wohnung wäre alleine schwieriger zu finanzieren und außerdem läuft der Mietvertrag auf mich. Sie hätte gar kein Recht, in diesen Vertrag einzusteigen, das könnte nur aufgrund einer Kulanz seitens des Vermieters passieren.

Ich möchte, dass die Mutter meiner Kinder, wenn ich mal nicht mehr da sein sollte, keine Not leidet. Dass sie finanziell so gut abgesichert ist, dass sie zur Not auch in der Lage wäre, meine Kinder alleine großzuziehen. Ich habe eine Risikolebensversicherung abgeschlossen, die kostet mich elf Euro im Monat und würde 500.000 Euro bringen, wenn ich sterben sollte. 500.000 Euro sind nicht viel, wenn man eine Familie über Jahrzehnte finanzieren will. Aber zumindest habe ich mir Gedanken gemacht über mein Erbe.

Es sind nicht die materiellen Dinge, die einen Menschen unvergessen machen. Sondern das, wofür er stand, was er getan und geleistet hat, was er unternommen hat, um aus dieser Welt eine bessere zu machen. Die meisten Gäste auf Trauerfeiern habe ich nicht bei Menschen mit den größten Familien gesehen, sondern bei Menschen, die die größten Spuren hinterlassen hatten. Wie bei jenem Mann, der außer seinem Sohn keine Verwandten mehr hatte und bei dem ich mich schon auf die kleinste Trauerfeier der Welt eingerichtet hatte. Es wurde eine der größten, die wir je betreut haben. Dieser Mann hatte in den vergangenen Jahrzehnten halb Ostberlin das Schwimmen beigebracht und bis weit über achtzig besonders Kindern aus ärmeren und sozial schwächeren Familien geholfen, ihnen die Angst vor dem Wasser zu nehmen. Manche dieser Kinder gingen später wieder in ihre Heimat, um ihre Familien in kleinen Booten über das Meer in die Freiheit zu schaffen, wodurch das, was der Mann ihnen gegeben hatte, sogar zu etwas Überlebensnotwendigem wurde. Dieser Verstorbene hatte wirklich etwas Besonderes hinterlassen. Wer sich zu Lebzeiten um andere kümmert, bekommt auch seine Trauerfeier voll. Und hinterlässt Menschen, die einen nicht vergessen.

Interview:
Sebastian Fitzek über Opfernde und Trauernde

Sebastian Fitzek, geboren am 13. Oktober 1971 in Berlin, ist Schriftsteller und Journalist. Er schreibt vorrangig Kriminalromane und hält seine Lesungen auch mal in Hospizen oder Bestattungsinstituten ab. Sein vielleicht wichtigstes Werk wird die Welt allerdings nie zu Gesicht bekommen.

Sebastian, du bist als Autor von Psychothrillern berühmt geworden. In deinen Büchern befasst du dich intensiv mit dem Thema Tod und auffällig häufig auch mit der Perspektive der Opfer. Woher kommt diese Erfahrung?
Das war keine bewusste Entscheidung. Aber leider starb mein bester Freund sehr früh, sein Tod war begleitet von einem psychischen Leiden. Außerdem litt meine Mutter an einer Bluterkrankung, eine Krankheit, die sich sehr lange hinzog. Am Ende starb sie an einem Stammhirninfarkt. Solche Erfahrungen verarbeitet man als Autor automatisch in seinen

Büchern, denke ich. Ich habe mich immer schon sehr für Menschen interessiert, und Menschen leiden nun mal leider auch sehr häufig. Das Schicksal meines Freundes habe ich in meinem ersten Buch fast eins zu eins verarbeitet, allerdings unbewusst – aus heutiger Sicht erscheint es mir fast absurd, dass mir das damals beim Schreiben nicht aufgefallen ist. Das Unterbewusstsein ist ein sehr guter Co-Autor.

Ich habe festgestellt, dass gerade Menschen, die sich ihr Leben lang eigentlich nie künstlerisch ausgedrückt haben, genau das tun, wenn sie mit dem Tod konfrontiert werden. Beispielsweise in Form eines Tagebuchs. Es ist faszinierend zu beobachten, wie so eine kreative Verarbeitung gerade Männern eine große Hilfe sein kann. Schreiben kann manchmal ein sehr gutes Ventil sein und wird ja nicht ohne Grund häufig von Therapeuten empfohlen.

Ich versuche Menschen gerne dazu zu bringen, auf Trauerfeiern persönliche Abschiedsworte zu sagen, viele trauen sich das nicht zu, aber was meistens funktioniert, ist die Idee, dem Verstorbenen einen Brief zu schreiben. So ein Brief ist schon mal ein gutes Instrument, um mit dem Tod umzugehen. Selbst im Extremfall, wie bei jener Familie, die zwei Wochen lang nach einem verschwundenen Mädchen suchte, das sich letztlich das Leben genommen hatte. Auch da, wo eigentlich kein Instrument hilft, schaffte es der Bruder des Mädchens, seine Gedanken in einem Brief zu formulieren. Hast du mit deiner Familie schon darüber gesprochen, was passieren soll, wenn du mal tot bist? Oder anders gefragt: Spielt es dabei eine Rolle, dass dann nicht nur der Privatmensch Sebastian beerdigt wird, sondern auch der Schriftsteller, die öffentliche Person? Da bin ich mir nicht so sicher. Meine Frau und ich sind in dieser Hinsicht Verdrängungskünstler. Als Autor hat man aber auch eine andere öffentliche Wahrnehmung als zum Beispiel ein Schauspieler. Es passiert nur selten, dass ich auf der Straße erkannt und angesprochen werde, was ich als sehr angenehm empfinde. Ich vermute also, dass meine Frau sehr überrascht wäre, wenn es auf meinen Tod eine öffentliche Reaktion geben würde.

Wie alt sind deine Kinder?
Vier, sechs und sieben.

Gibt es etwas Besonderes, dass du ihnen hinterlassen möchtest?
Ich arbeite seit etwa vier Jahren an einem Buch, das meine Kinder bekommen sollen, wenn ich mal tot bin. Auslöser war ein Flug nach München, zu dem mich meine Frau mit der aufmunternden Frage auf die Reise schickte, ob ich denn mein Testament geschrieben hätte. Im Flieger machte ich mir erstmals ernsthafte Gedanken über meinen Nachlass. Das Buch trägt den Titel: »Fische, die auf Bäume klettern«. Einstein hat mal gesagt, dass man selbst einen Menschen, der eigentlich ein Genie sei, als Idioten bezeichnen würde, wenn der behauptet, dass Fische auf Bäume klettern können. Den Titel habe ich auch deshalb gewählt, weil man Menschen häufig eintrichtern will, dass sie nur Fische seien, die aber das Gegenteil feststellen, wenn sie es geschafft haben, auf einen Baum zu klettern.

Was willst du deinen Kindern mit dem Buch mit auf den Weg geben?
Ich maße mir an zu wissen, auf welche Probleme sie im Leben mal stoßen werden, darum geht es in dem Buch. Ein Kapitel beschäftigt sich zum Beispiel mit den Masken, die wir Menschen tragen. Die interessantesten Figuren in meinen Büchern sind ja immer die mit den besonderen Masken. Die also nach außen hin etwas vorspielen, was sie eigentlich gar nicht sind. Letztlich machen wir das ja alle, und je größer

die innere Zerrissenheit ist, desto größer ist der Aufwand, der für dieses Maskenspiel betrieben werden muss. Da muss ich daran denken, wie mir mal jemand gesagt hat: »Sie sehen gar nicht aus wie ein Psychothriller-Autor.« Von Sean Penn habe ich den Satz gelesen, dass sich immer weniger Menschen trauen herauszufinden, wer sie wirklich sind. Beim Schreiben an diesem Buch für meine Kinder stelle ich fest, dass ich das nicht nur für sie schreibe, sondern auch für mich selbst.

Wärst du damit einverstanden, wenn nach deinem Tod bislang unveröffentlichte Texte erscheinen würden?
Eigentlich nicht. Aber was ist, wenn ich kurz vor dem Tod meine ganze Kohle in Las Vegas verzocke und so eine posthume Veröffentlichung die einzige Möglichkeit wäre, dass meine Familie zu Geld kommt? Es kommt wohl darauf an, wie man es in seinem Testament formuliert, da muss man aufpassen.

11. Kapitel

Let It Be

Ich war auf dem Weg zu einem Essen mit Freunden. Der Anlass war ein sehr trauriger. Die Mutter einer meiner engsten Freundinnen war gestorben. Ich hatte ihre Mama sehr gut gekannt, mehr als einmal hatten wir zusammen Weihnachten gefeiert. Und jetzt war diese liebe ältere Dame tot. Innerhalb kürzester Zeit war sie an einem zu spät erkannten Krebs verstorben.

Meine Freundin wollte natürlich, dass ich ihrer Familie zur Seite stand. Als sie mir in einer SMS aus dem Krankenhaus die Nachricht vom Tod ihrer Mutter übermittelte, musste ich weinen. Ich beweinte den Tod dieser tollen Frau, aber ich weinte auch, weil ich wusste, wie eng die Beziehung meiner Freundin zu ihrer Mama gewesen war. Sie hatten so viel Zeit miteinander verbracht, hatten so viele gute und schlechte Zeiten gemeinsam durchgestanden. Hatten sich angeschrien, wieder versöhnt, miteinander gelacht, sich tief und innig geliebt. Die Mama meiner Freundin musste in den Siebzigerjahren eine richtige Kämpferin und Rebellin gewesen sein. Sie war mit einem Afghanen verheiratet, das war ja an sich schon ein Politikum. Aber die Ehe funktionierte nicht, sie schwamm sich frei und zog ihre Tochter alleine groß. Sie und meine Freundin waren ein Herz und eine Seele gewesen. Mutter und Tochter. Und jetzt war sie tot.

Ich war auf dem Weg zu meiner Freundin, weil sie nach den schwierigen vergangenen Wochen, die sie vor allem am Krankenbett ihrer Mutter verbracht hatte, mal wieder vor die Tür wollte. Weg von zu Hause, raus aus der ständigen Trauer und der Beklemmung. Als ich vor dem Restaurant parkte und aus dem Auto stieg, hatte ich verheulte Augen. In Situationen wie diesen hasse auch ich manchmal meinen Beruf. Hasse ich den Tod. Und bin hin- und hergerissen zwischen dem eigenen Schmerz und dem Bedürfnis, einem lieben Menschen in seiner Trauer beizustehen und zu helfen. Der Gedanke daran, gleich meiner Freundin gegenüberzustehen, trieb mir erneut Tränen in die Augen.

Kurz bevor ich das Restaurant betreten wollte, hupte auf der anderen Straßenseite ein Taxi. Ich ging davon aus, dass der Taxifahrer den Fahrgast meinte, der gerade seinen Wagen verlassen hatte, aber beim zweiten Hupen schaute ich rüber und sah den Taxifahrer, wie er mir aufgeregt zuwinkte. Ich brauchte ein wenig, um ihn zu erkennen. Es war ein Mann Mitte fünfzig mit iranischen Wurzeln, dessen Enkelsohn ich vor einiger Zeit bestattet hatte. Während ich die Straße überquerte, um ihn zu begrüßen, dachte ich an die große iranische Trauergemeinschaft, die damals zusammengekommen war, um sich von dem kleinen Leben zu verabschieden.

Der Mann nahm mich zur Begrüßung lachend in den Arm, als wäre ich sein lange verschollener Cousin. So viel Begeisterung beim Wiedersehen mit einem Bestatter? Da zeigte er mir eines der vielen Fotos, die er am Armaturenbrett seines Taxis befestigt hatte. Neben dem Bild von seinem Sohn, dessen Frau und deren verstorbenem Kind – seinem Enkel – hing ein weiteres Kleinkind-Foto. Ich verstand. Ein neues Enkelkind, diesmal eine Enkeltochter. Vor anderthalb Jahren hatte dieser Mann gemeinsam mit seinem Sohn den Sarg seines verstorbenen Enkels über einen Berliner Friedhof tragen müssen. Jetzt stand er strahlend vor mir. Ich erzählte ihm, dass ich bald Vater werden würde, und er schloss mich erneut in die Arme, diesmal sogar noch intensiver. Er lachte noch einmal, stieg wieder in sein Taxi und verschwand im Straßenverkehr.

Solche Begegnungen sind an sich nicht unüblich. Die Bezirke in Berlin sind eine Art Mikrokosmos; immer wieder treffen meine Kollegen und ich Menschen, die wir durch die Trauer begleitet haben. Und immer wieder dürfen wir dann feststellen, dass es diesen Menschen gut geht, dass sie wieder einen Weg zurück in ihr Leben gefunden haben, dass sie Freude, Spaß und Liebe empfinden. Den großen Verlusten zum Trotz. Diese Begegnungen machen glücklich.

Aber ich hatte nicht gleich zwei von ihnen erwartet. Schon gar nicht an diesem besonderen Tag. Doch kurz darauf sah ich ein weiteres bekanntes Gesicht. Im Restaurant saß ein junger Mann, der ganz offensichtlich ein Date hatte, und grinste mich durch die Fensterscheibe an. Zwei Jahre zuvor war ich mit ihm über Berliner Friedhöfe gelaufen, um einen schönen Platz für seinen Ehemann zu finden, der völlig überraschend an einem Herzinfarkt gestorben war. Das Paar war gerade erst frisch verheiratet gewesen, hatte eine gemeinsame Wohnung gekauft und fühlte sich endlich im Leben angekommen. Der frühe Tod seines Partners war eine Tragödie für den Mann gewesen, der jetzt schick gestylt in jenem Restaurant saß. Damals hatte er viele Stunden auf unserem Hof in Rixdorf verbracht, um noch Zeit mit seinem verstorbenen Mann zu haben, um irgendwie zu verstehen, was so schwer zu verstehen war. Erst mit dem merklichen Einsetzen des Zerfalls war dieser Prozess für ihn abgeschlossen. Ich erinnerte mich, wie er neben dem Körper seines Mannes gesessen, mich angeschaut und gesagt hatte: »Er ist weg. Er kommt nicht mehr zurück.« Die Trauerfeier wurde ein Fest der Farben. Die Kapelle war in ein Meer von Blumen getaucht, und als die Freunde des Verstorbenen vor der Trauergemeinde standen und ihre Erinnerungen austauschten, gab es niemanden, dem nicht die Tränen über das Gesicht gekullert waren. Nun saß dieser Mann im Restaurant, hatte ein Date und genoss das Leben.

In dieser speziellen Situation, in der ich gerade selber trauerte, war ich allerdings auf eine ganz eigentümliche Weise gerührt. Was wollte mir das Universum mit diesen beiden überraschenden Begegnungen sagen, bevor ich mich mit meiner trauernden Freundin traf? Alles wird gut? Speaking words of wisdom, let it be? Das Ding ist: Ich glaube eigentlich nicht an ein Universum, das mir irgendetwas sagen will. Ich glaube an die Liebe, aber eigentlich glaube ich an Fakten. Was war das nun also gerade gewesen?

Obwohl ich ein relativ nüchtern denkender Mensch bin und obwohl ich ähnliche Situationen erlebt hatte, stellte ich mir, während ich den Tisch meiner Freundin suchte, viele Fragen; offenbar hatten die beiden überraschenden Momente mit den getrösteten Trauernden etwas bei mir ausgelöst. Sollte mich das Ganze ausgerechnet heute an diesem Tag, da mich die Trauer fast selbst erdrückte, etwas lehren? Dass es einem zwar das Herz zerreißt, wenn jemand stirbt, es aber immer einen Weg raus aus diesem Zustand des Schmerzes gibt? Dass es immer weiter geht? Dass auch ein beschädigtes Herz wieder lieben kann? Dass es sehr entscheidend sein kann, welche Form des Trauerprozesses man wählt?

Es gibt gute Abschiede. Es gibt schöne Trauerfeiern. Und das kann Menschen in ihrer Trauer helfen, kann ihnen Kraft schenken und das Gefühl vermitteln, dass sie nicht alleine sind. Es kann einem helfen, in seinem Leben einen Platz für die Trauer zu finden und sich doch nicht von ihr vereinnahmen zu lassen.

Dafür müssen Trauernde wissen, was sie dürfen und was sie wollen, und sie müssen sich trauen, das dann auch entsprechend zu kommunizieren. Es braucht Friedhofs- und Gemeindeverwaltungen, die verstehen, dass Verstorbene und Trauernde eben keine Verwaltungseinheiten sind, die sich in ein bestimmtes Muster pressen lassen – sondern Verstorbene und Trauernde. Es braucht eine Politik, die sich traut, ihren Bürgern in der Trauer etwas zuzutrauen. Und es braucht Ärzte, Geistliche, Betreuer, Pflegedienste, Krankenkassen, Trauerbegleiter und eben Bestatter, die professionell und seriös arbeiten, und in der Lage sind, Menschen in ihren Wünschen und Vorstellungen zu unterstützen und zu fördern. Die verstehen, dass sie nur Helfershelfer in einem Prozess sind und dass sie ihre Arbeit dann richtig gemacht haben, wenn sie sich selbst überflüssig machen. Jede von Angehörigen amateurhaft, aber persönlich gestaltete Trauerfeier ist mehr wert als eine Inszenierung von vermeintlichen Experten. Jeder direkte Kontakt mit Verstorbenen hilft auf lange Sicht mehr als eine Alibierfahrung aus dem Munde Dritter. Über den Tod zu sprechen, hilft dabei, die Angst vor ihm zu verringern. Trauer zu erfahren, Trauer zuzulassen und Trauer zu teilen, hilft dabei, sich nicht von der Angst und der Traurigkeit auffressen zu lassen.

Mir gingen so viele Dinge durch den Kopf, als ich mich zu meiner Freundin setzte, die gerade ihre Mutter verloren hatte. Ich war immer noch furchtbar traurig, aber das machte mir keine Angst mehr. Ich dachte an den lachenden Taxifahrer und den turtelnden Witwer, der ein paar Tische entfernt von mir saß. Und da wusste ich, dass auch meine Freundin bald wieder glücklich sein würde. Schweigend tranken wir einen Wodka auf ihre verstorbene Mama.

Ein paar Tage später bestatteten wir ihre Mutter. Es war eine wunderschöne Trauerfeier. Und am Ende standen wir alle zusammen da und sangen der verstorbenen Frau ein Lied. Ein Lied über den Tod, ein Lied über das Leben. Und darüber, dass der Tod nicht immer das Ende sein muss.

And when the broken hearted people living in the world agree
There will be an answer, let it be

Danksagung

Wem sagt man Danke?

Sarah, ohne die ich mich nicht getraut hätte, Bestatter zu werden.

Markus Naegele vom Verlag, weil alles immer viel länger gedauert hat, als angenommen.

Alex Raack, dafür, dass er mich nie angeschrien hat, während er meine Texte und mein Genuschel in Buchform brachte.

Elisabeth Ruge, weil sie mich überhaupt erst darauf gebracht hat, ein Buch schreiben.

Meiner Mutter, weil sie mich nie ausgelacht hat, als ich Bestatter werden wollte.

Meiner Schwester, weil sie gelacht hat.

Meinen Kollegen, weil sie mich jeden Tag ertragen.

Fabian Lenzen, weil ich bei ihm lernen durfte.

Massuda Kassem, für das Obdach und die Liebe.

Katja, für alles.

Juri, für jedes Gespräch.

Familie Rosenthal, für die wunderbaren Möglichkeiten auf ihrem Hof Schöne.

Marc Feldmann und **Franziska Nickelt**.

Und dem kleinen M.

Anhang

Es folgen praktische Informationen und Merkblätter aus der *lebens-nah*-Praxis, weitere Informationen finden Sie auch auf der Website www.lebensnah-bestattungen.de

Meine Bestattungsverfügung

Name:
Anschrift:

Im Falle meines Todes verfüge ich, dass
Name:
geboren am:
Telefon:
Mail:

alle Entscheidungen im Zusammenhang mit meiner Bestattung treffen
soll.

Ich habe mich entschieden für:
Feuerbestattung
Erdbestattung
Ort der Beisetzung

Mein Wunschbestatter ist:

Name:

Ort:

Die Kosten meiner Bestattung werden bezahlt:

Von Familie/Freunden

Aus meinem Vermögen

Von der Versicherung

Vorsorgevertrag bei dem Bestatter

Das Wichtigste bezüglich des Lebensendes:

Ich habe mit dem Bevollmächtigten ausführlich über meine Wünsche gesprochen.

_____

Datum   Ort   Unterschrift

Wichtige Unterlagen,
die im Trauerfall benötigt werden:

UNTERLAGEN   Aufbewahrungsort

1. Geburtsurkunde (bei Ledigen) _____

2. Heiratsurkunde_____

3. ggf. Sterbeurkunde des Partners _____

4. ggf. Scheidungsurteil_____

5. Personalausweis _____

6. Krankenkassenkarte_____

7. Lebens- und Sterbegeldpolicen _____

8. Rentenunterlagen_____

9. Testament _____

10. ggf. Bestattungsvorsorge/-wünsche _____

11. _____

12. _____

Es ist immer hilfreich zu wissen, wo diese Unterlagen sich befinden.
Die eigenen und auch die Unterlagen der Menschen, um deren Bestattungen man sich Sterbefall kümmern müsste.

Informationen für Hinterbliebene

Wo befindet sich der Verstorbene?

Sofern jemand im Krankenhaus verstirbt, bringt ihn das Krankenhauspersonal nach einer gewissen Zeit in die Kühlung der Pathologie. Im Hospiz oder im Altenheim verbleiben die Menschen in ihren Betten, bis sie von uns abgeholt werden.

Wir bringen die verstorbenen Personen immer zu uns auf den Hof nach Rixdorf. Dort werden sie in einen Sarg gebettet und gekühlt untergebracht. In Rixdorf finden in Abstimmung mit Ihnen die nächsten Schritte statt.

Es gibt die Möglichkeit, den Verstorbenen jederzeit noch einmal zu sehen und sich zu verabschieden. Bei diesen Abschiednahmen kann der Sarg offen oder geschlossen sein.

Wir persönlich nehmen die **Totenfürsorge** vor. Das heißt, der verstorbene Mensch wird von uns sorgsam gewaschen, bei Bedarf noch einmal rasiert oder frisiert. Wir versuchen, wann immer möglich, Menschen in ihrer eigenen Kleidung zu beerdigen und kleiden sie dementsprechend selber an.

Sollten Sie sich für eine Erdbeisetzung entscheiden, wird der Verstorbene kurz vor der Beisetzung von uns auf den Friedhof gefahren.

Im Falle einer Kremation fahren wir den Verstorbenen kurz vor der Kremation ins Krematorium. Dort wird vor der Einäscherung noch

eine zweite Untersuchung durch einen Arzt vorgenommen: **die sogenannte zweite Leichenschau.** Die Urne kommt danach zurück auf
den Hof und wird von uns mit zur Trauerfeier gebracht. Sie können
natürlich gerne jedem Schritt beiwohnen.

Welche Grabarten gibt es, was bedeuten sie?

Wir begleiten Sie natürlich bei allen Schritten und erläutern sie Ihnen
gerne. Gerade um den Friedhof kümmern sich viele Hinterbliebene
selber. Es ist immer ratsam, vorher einmal persönlich auf den Friedhof zu gehen, da **jeder Friedhof seine Besonderheiten hat**.

Grundsätzlich wird unterschieden in zwei Arten: Erd- und Feuerbeisetzung.

Bei einer **Erdbeisetzung** findet die Beerdigung in einem Sarg statt.
Wir arbeiten zumeist mit schlichten, schönen Holzsärgen, die Raum
zur individuellen Gestaltung bieten.

Die **Feuerbeisetzung** findet in zwei Schritten statt. Der Verstorbene
wird mit dem Sarg im ersten Schritt im Krematorium verbrannt, im
zweiten Schritt findet die Beisetzung der Urne statt. Das geschieht auf
einem Friedhof oder in Form einer Seebestattung.

Auf Friedhöfen gibt es zumeist zwei Stellenarten für Särge und für
Urnen: **Wahlstellen** oder **Reihenstellen**.

Reihenstellen befinden sich an bestimmten und nicht wählbaren
Orten auf dem Friedhof und werden durch den Friedhof der Reihe

nach vergeben. **Es ist wichtig zu wissen, dass Sie Ihre Stelle nach der gesetzlichen Ruhefrist von 20 Jahren nicht verlängern können.**

Auf **Wahlstellen**, die teurer sind als Reihenstellen, kann oft mehr als eine Beisetzung stattfinden. Klassisch ist eine Wahlstelle für zwei oder vier Urnen vorgesehen. Oft können auf einer Wahlstelle für einen Sarg (Erdbeisetzung) auch noch Urnen beigesetzt werden.

Wichtig ist, sofern Sie alleine einen Friedhof aussuchen, dass Sie immer abklären, wie die Gestaltungsmöglichkeiten der Grabstelle und die Vorschriften vor Ort sind. Viele Friedhöfe haben genaue Regelungen, was man darf und was man nicht darf.

Darüber hinaus bieten viele Friedhöfe mittlerweile **Gemeinschaftsanlagen**, die seitens der Friedhofsgärtnerei gestaltet werden. So haben die Hinterbliebenen einen Ort zum Trauern, müssen sich aber nicht selber um die Pflege kümmern.

Bedenken Sie: Die vielerorts angebotene Alternative einer anonymen Beisetzung führt immer auch zu der Situation, dass es keinen genauen Ort gibt, den man besuchen kann.

Um was müssen sie sich in jedem Fall selber kümmern?

Um alle Fragen des Erbes müssen Sie sich persönlich kümmern oder ggf. einen Fachanwalt beauftragen. Grundsätzlich beginnen die gesetzlichen Fristen in dem Moment wirksam zu werden, wo Sie die Information über den Tod erhalten. Dazu gehört auch die Frist für das Ausschlagen des Erbes.

Wir bemühen uns, Ihnen alle Unterlagen, vor allem die originalen Sterbeurkunden, schnellstmöglich zu Verfügung zu stellen. Die Ausstellung dieser dauert je nach zuständigem Standesamt gerne einige Wochen.

In manchen Fällen ist es ratsam, einen Nachlasspfleger zu engagieren. Hier können wir Ihnen, wie auch bei den fachspezifischen Anwälten, verschiedene Ansprechpartner nennen, mit denen wir gute Erfahrungen gemacht haben.

Was passiert mit den Unterlagen Ihres Verstorbenen?

Wir benötigen eine Reihe von Unterlagen von Ihnen. Unter anderem, um bestehende Verträge zu kündigen. Bei Bedarf bekommen Sie einen Scan unseres Originalbriefes, der Mail oder des Faxes mit der Kündigung für Ihre Unterlagen:

Zur Kündigung haben Sie uns überreicht:

1. Krankenkassenkarte: _____

2. Rentenversicherungsnummer: _____

3. Antrag Rentenvorschuss: _____

4. Telefonanbieter: _____

5. _____

6. _____

7. _____

Wir beantragen für Sie eine gewünschte Anzahl von Sterbeurkunden. Hierfür haben Sie uns folgende Unterlagen übergeben:

1. Geburtsurkunde: _____

2. Familienbuch: _____

3. Heiratsurkunde: _____

4. Scheidungsurteil: _____

5. Sterbeurkunde des Ehepartners: _____

6. Personalausweis: _____

7. Reisepass: _____

8. Meldebestätigung: _____

9. _____

10. _____

11. _____

12. _____

13. _____

14. _____

Vorstellungen, Reaktion und Hilfsmöglichkeiten für Kinder & Jugendliche in Trauersituation (eine grobe Übersicht)

Grundlegende Hinweise:

1. **Kinder müssen über Todesfälle (auch anstehende), sowie ernste Erkrankungen in ihrem Umfeld altersgemäß informiert werden.**

2. **Kinder brauchen immer klare und ehrliche Antworten.** <u>Nicht</u> *»Mama ist von uns gegangen«*, sondern *»Mama ist tot«*.

3. **Kinder müssen die Möglichkeit bekommen, sich altersgemäß vom Verstorbenen zu verabschieden.** <u>Nicht</u> *»Willst du noch mal zu Papa?«*, sondern *»Komm, wir besuchen Papa noch einmal«*.

4. **Kinder müssen lernen, wie man trauert. Kinder dürfen traurig sein.** *»Ich bin auch traurig, lass uns überlegen, was wir für ... zusammen machen.«(Basteln/Abschiedsgeschenke/abendliche Gedanken an den Verstorbenen)*

5. **Kindern muss aktiv die Schuld am Tod genommen werden.** *»Manche Kinder glauben, Mama wäre gestorben, weil die Kinder nicht lieb waren, was denkst Du darüber?«*

6. **Kinder brauchen Rituale.** *»Möchtest Du alleine oder mit mir zusammen was für ... machen?«*

7. **Kinder sind Trauernde.** *»Möchtest du auf der Trauerfeier etwas machen? Flöte spielen, ein Bild malen, etwas in den Sarg legen, etwas sagen?«*

8. **Kinder müssen aber ermuntert werden, Ihre Gefühle zu zeigen.** *»Ich bin wütend/traurig, dass Opa nicht mehr da ist, wie geht's Dir?«*

9. **Informieren Sie das nähere Umfeld des Kindes über den Verlust.** (Schule, Kita, Sportverein)

10. **GANZ WICHTIG: Sorgen Sie auch für sich selbst; wenn Sie gut mit der Trauer umgehen, fällt es auch dem Kind leichter.**

Altersorientierte Einteilung

Kinder bis zu drei Jahren

Bedeutung

- Kinder in diesem Alter können mit dem abstrakten Begriff »Tod« nicht umgehen; die kognitiven Möglichkeiten reichen noch nicht aus, abstrakte Begrifflichkeiten zu verstehen.
- Weg sein und tot sein haben noch die gleiche Bedeutung. Die reine Abwesenheit wird wahrgenommen. Das Verlassenwerden wird grundsätzlich als bedrohlich wahrgenommen.
- Zwischen belebt und unbelebt wird in diesem Alter nicht unterschieden.
- Die Endgültigkeit des Todes wird noch nicht erfasst.

Typische Reaktionen

- Verlust führt zu traurigen Stimmungen. Die Welt ist binär, entweder gut oder böse. Personen, Gegenstände und Orte werden mit diesen beiden Zuständen assoziiert.
- Alle Verhaltensweisen, die Unbehagen ausdrücken. Verändertes Ess- und Schlafverhalten, »grundloses« Weinen.
- Kinder bis zu drei Jahren spiegeln den emotionalen Status quo ihrer engsten Bezugsperson (zumeist Mutter) wider.
- Typisch in diesem Alter: warten auf die »abwesende« Person oder das Suchen nach ihr.

Hilfsmöglichkeiten

- So schwer es auch fallen mag, halten Sie den Rhythmus hinsichtlich Essen, Schlafenszeiten, Spielverhalten aufrecht.
- Zärtlichkeit und Zuneigung, um Nähe aufrechtzuerhalten.
- Auch in diesem Alter sollte der Tod schon beim Namen genannt werden, ggf. in Geschichten und Märchen auftauchen, sofern das Kind im normalen Leben damit konfrontiert ist.

Zwischen drei und fünf Jahren

Bedeutung

- Eine grundlegende Vorstellung von Tod entsteht. Aber gerade in diesem Alter nehmen Kinder Umschreibungen in diesem Zusammenhang noch sehr wörtlich. »Opa ist eingeschlafen.« kann zu sehr verstörenden Bildern und Schlafstörungen führen.
- Die Welt ist ein »Tom & Jerry«-Comic, wer heute tot ist, ist morgen wieder am Leben.

- Es besteht noch keine Wahrnehmung darüber, dass auch Kinder sterben können. Das passiert nur bösen und alten Menschen. Ggf. noch der Katze und dem Vogel, aber niemals ihnen selber.
- Der Tod wird noch als vermeidbar wahrgenommen. Durch bestimmte Verhaltensweisen kann er auf magische Art und Weise aufgehalten werden.
- Tod durch äußere Einwirkung wird bereits verstanden, aber innere Ursachen (Krankheiten), werden in ihrer Kausalität noch nicht erfasst.

Typische Reaktionen

- Es besteht ein großes Bedürfnis, die Welt zu erforschen, natürlich auch den Tod. Kleintiere und Insekten werden gequält und getötet, in Cowboy- und Indianerspielen konfrontieren sich Kinder gegenseitig mit dem Tod.
- Gerade bei nahen Verlusten entsteht Verwirrung. Permanentes Suchen und wiederholtes Nachfragen sind normal.
- Kleine Entwicklungsrückschritte sind eine normale Reaktion.
- Der Tod findet Eingang in die Spiel- und Fantasiewelt.
- Kinder dieses Alters testen den Begriff »Tod« und »tot«. Todeswünsche (gerade gegenüber Dritten) sind ein normaler Lernprozess.

Hilfsmöglichkeiten

- Unterstützen Sie die Neugierde des Kindes. Warum nicht gemeinsam einen Friedhof besuchen oder einen Bestatter ausfragen (die sind zumeist netter als man denkt). Schauen sie sich einen Sarg, aber auch eine Urne an. Bei nahen Hinterbliebenen in diesem Alter ist es ratsam, über eine Erd-, statt über eine Feuerbestattung nachzudenken, sofern diese Entscheidung nicht schon feststeht.
- Ermutigen Sie das Kind zum Fragenstellen.

- Geben Sie immer klare Antworten. Benutzen Sie eine offene und direkte Sprache, keine Umschreibungen und vor allem nutzen Sie keine sprachlichen Bilder.
- Geben Sie nicht nur Sicherheit und Anerkennung, sondern loben und unterstützen Sie das Interesse des Kindes.

Kinder zwischen sechs und neun Jahren

Bedeutung
- Nicht nur der Begriff Tod wird verstanden, sondern auch die Endlichkeit wird rudimentär erfasst.
- Der Tod wird noch oft personifiziert als Engel, Skelett und Sensenmann.
- Ab 9 Jahren wird nicht nur die Umgebung des Todes verstanden (Grab, Urne, Trauerfeier). Das Kind versteht auch besser, zwischen belebt und unbelebt zu unterscheiden. Der Tod wird auch als biologische Tatsache verstanden (kein Puls, keine Atmung, keine Temperatur = tot).
- Das Bewusstsein für die eigene Sterblichkeit entsteht; ebenfalls ein Verständnis für das Altern und das damit verbundene Vergehen.
- Der Tod wird sehr, sehr häufig als Strafe wahrgenommen. Auch der Tod von Angehörigen wird als Strafe für eigenes kindliches Fehlverhalten interpretiert.

Typische Reaktionen
- Großes Bedürfnis, die eigenen Erfahrungen verallgemeinernd auf die nähere Umwelt anzuwenden. (Wenn Frau Müller sterben kann, dann kann auch Mama sterben.)

- Kausale Ketten entstehen. Ein erlebtes Sterben im Krankenhaus führt zu der Verknüpfung: Im Krankenhaus stirbt man → Angst vor Krankenhäusern.
- Akute Trennungs- und Verlustängste.
- Großes Interesse an allen Dingen rund um den Tod. Erkenntnis entsteht aus dem haptischen Erleben (oft ist die Neugier verschreckend für die Eltern/Familienmitglieder).

Hilfestellung
- Vorsichtiges Erklären und Aufklären der Todesumstände. Krankheiten benennen; auch konkretes Aufklären, dass jemand sterben wird.
- Konkretes Fragen nach Bedürfnissen und Integrieren in die Gestaltung der Abschiednahme und Trauerfeier.
- Ruhige Gespräche: Wovor hast du Angst? Was verstehst du nicht?
- Reisen in die Erinnerung. Gemeinsam Fotos und Filme anschauen, die den Verstorbenen beinhalten.

Kinder zwischen zehn und vierzehn

Bedeutung
- Der Begriff »Leben« wird Menschen, Tieren und Pflanzen zugeordnet.
- Empathiefähigkeit für andere Trauernde entsteht.
- Die Endgültigkeit und die weitreichenden emotionalen und sozialen Folgen des Todes werden verstanden.
- Ab dem zwölften Lebensjahr bestehen Denkmuster, ähnlich denen von Erwachsenen. Das Denken und Fühlen bezieht eine Zukunft mit ein.

- Ein historisches Bewusstsein entsteht. Dinge, für die sich jüngere Kinder noch nicht interessieren oder die sie noch nicht verstehen, rücken in die Wahrnehmung.
- Der Tod wird als unausweichliches Faktum am Ende des Lebens (skeptisch) anerkannt.

Typische Reaktionen
- Durchleben der Trauerphasen analog zu den Erwachsenen.
- Beginn der Selbstfindung einschließlich Sinnfragen für das (eigene) Leben.
- Suizidgedanken und Fragen nach einem Leben nach dem Tod.
- Wunsch nach individueller Trauergestaltung.
- Körperliche Symptome (Schmerzen, Schlafprobleme).
- Trauerprozesse und (prä-)pubertäre Stimmungsschwankungen können ungünstige Entwicklungen mit sich bringen und sollten genau (ggf. professionell) beobachtet werden.

Hilfestellung
- Zeit und Raum für Rückzug geben.
- Gespräche nicht aufzwingen, aber immer Gesprächsbereitschaft signalisieren.
- Unterstützen der oft widersprüchlichen emotionalen Reaktionen.
- Kein Aufschub wichtiger Informationen. In dem Alter sind Jugendliche vollwertige Trauernde und wollen als solche behandelt werden.
- Aktive Beteiligung an Abschiedsritualen ermöglichen. Über konkretes Fragen und Anbieten eigene Rituale fördern (losgelöst von den Erwachsenen).
- Den jugendlichen Lebensrhythmus unterstützen. Vor allem Disko, Kino und Klassenfahrt sind eigene und im Rahmen der Trauer wichtige Rückzugsräume.